OVERLOCK ROCKT!

Die Drucklegung dieses Buches wurde ermöglicht durch
die Firmen Juki, Mettler, nähPark und Schmetz.

Claudia Witticke

NÄHEN MIT Claudia

OVERLOCK ROCKT!

Schritt für Schritt zum Overlock-Profi inklusive Troubleshooting

ATHESIA VERLAG

Vorwort

In meinem Kopf existiert dieses Buch „Overlock rockt!" schon sehr lange und jetzt ist es endlich so weit: Ich habe es zu Papier gebracht. In den letzten anderthalb Jahren haben mich fast wöchentlich Bitten aus meiner Nähcommunity erreicht, ob ich nicht auch ein Buch zum Thema Overlock schreiben könnte, denn mein Buch „Nähen mit Claudia" sei so toll.

Ein Buch zu schreiben ist unglaublich viel Arbeit, und ich gebe zu, ich habe mich anfangs etwas gedrückt. Aber jetzt, im Juli 2023, fühlt es sich richtig an, damit zu beginnen. In diesem Buch steckt nicht nur all mein Wissen, welches ich in meinem 8-Wochen-Intensivkurs „Overlock rockt!" vermittle, sondern es bietet auch Lösungen zu den vielen Herausforderungen und täglichen Fragen im Umgang mit der Overlock. Das Buch ist somit die perfekte Begleitung für den Kurs, aber auch unabhängig davon eine großartige Unterstützung und ein hilfreiches Nachschlagewerk.

Immer wieder erlebe ich in meinen Nähkursen, wie sich Nähbegeisterte einfach nicht an die Overlock herantrauen. Vier Fäden, Obergreifer, Untergreifer und Differentialtransport führen oft zu viel Unsicherheit und in der Folge dazu, die Finger von einer Overlock zu lassen.

Dies möchte ich ändern! Denn eine Overlock wird dein Nähleben unglaublich bereichern und es dir sehr vereinfachen. Ich bin sicher, du wirst sie bald genauso lieben wie ich.

Was braucht es dafür? Ich vergleiche das Bedienen der Overlock gerne mit Autofahren: Man muss es einmal richtig lernen und verstehen. Und wenn man es dann draufhat, wird man die Maschine schätzen, nie wieder hergeben wollen und noch mehr Freude am Nähen haben.

Ja, es gibt schon Bücher zum Thema Overlock auf dem Markt. Aber für mich war keines dabei, mit dem ich wirklich zufrieden war. Immer wenn es spannend wurde mit der Overlock, blieben meine Fragen offen, und oft wurde dort aufgehört zu erklären und zu zeigen, wo es ans Eingemachte geht. Das will ich ändern.

Mit diesem Buch möchte ich dich in die wunderbare Welt der Overlock begleiten, dich ermutigen, auch über die Standardnaht hinauszugehen und wunderbare Dinge mit deiner Overlock zu nähen.

Besonderer Dank geht an ...

Silvia, die mir den Rücken freigehalten hat; meine Kinder, ohne die ich vermutlich nie zum Nähen gekommen wäre, insbesondere meine Tochter, die alle Grafiken für dieses Buch gezeichnet hat; Ariane fürs Mutmachen, Franziska für die Unterstützung bei den Foto- und Videoshootings; meine unzähligen Kursteilnehmerinnen und Kursteilnehmer, die mit ihren Fragen das Buch mitgestaltet haben; die Firmen Mettler, Juki und Schmetz sowie den Nähpark Diermeier für ihre Unterstützung bei diesem Projekt und nicht zuletzt dem Athesia-Tappeiner Verlag.

Deine Claudia

Inhaltsverzeichnis

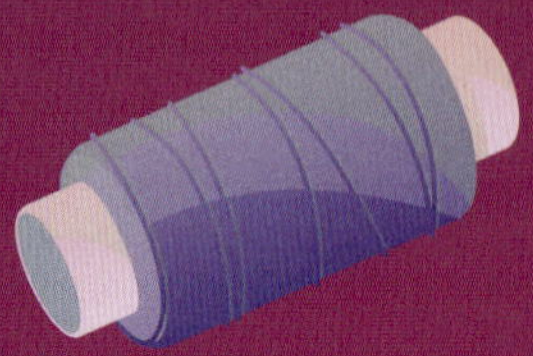

35 NÄHEN – DIE ERSTEN SCHRITTE

DIE ERSTE NAHT 53

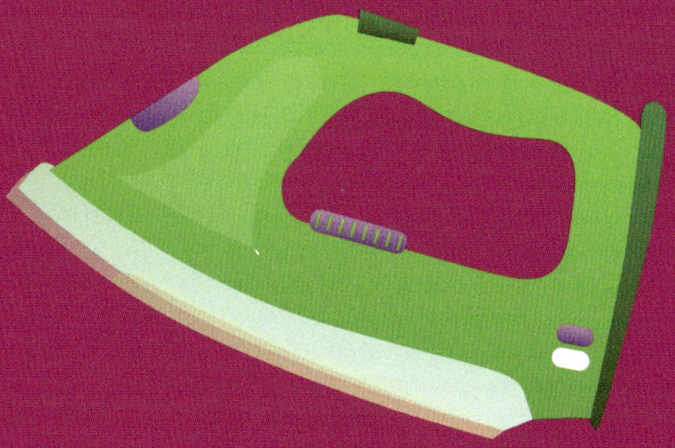

DIE 17 OVERLOCKNÄHTE

GARNE FÜR DIE OVERLOCK

NÄHFÜSSCHEN

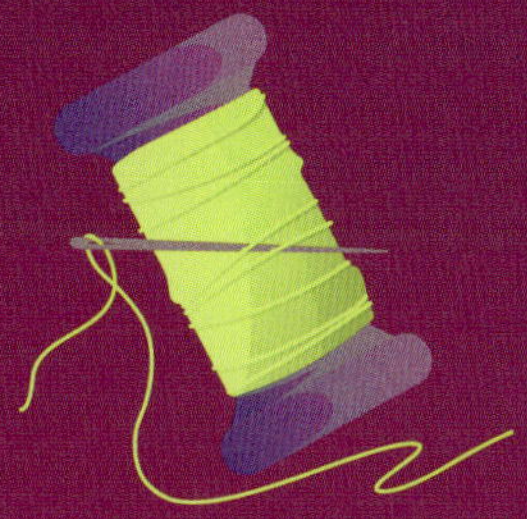

EINFÜHRUNG

- Was ist eine Overlock?
- Was kann eine Overlock und was kann sie nicht?
- Unterschiede zur Nähmaschine
- Unterschiede zur Coverstitch
- Was ist eine Coverlock?
- Wichtige Begriffe für das Arbeiten mit der Overlock
- Tipps zum Kauf einer Overlock

Eine der ersten Overlocks der Firma Merrow

Was ist eine Overlock?

Eine Overlock ist eine spezielle „Nähmaschine", die in einem Schritt

- zusammennäht;
- versäubert und
- die Nahtzugabe zurückschneidet.

Moderne Overlock: Bernina L450

Dadurch entstehen professionell aussehende Nähte. Die Overlock näht mit bis zu zwei Nadeln, vier Fäden und einem Messer. Außerdem arbeitet sie deutlich schneller als eine normale Nähmaschine, hat einen besonderen Transporteur und erleichtert daher die Näharbeit sehr. Auf Deutsch bedeutet Overlock Überwendlichstich oder Überwendlichnaht. Ältere Begriffe sind auch Kettelmaschine, Überwendlichmaschine oder Versäuberungsmaschine.

Die erste Overlock für den Industriegebrauch wurde um 1881 von der Firma Merrow Maschinen in den USA entwickelt. Einfachere und leichtere Modelle für den Hausgebrauch wurden allerdings erst ab dem Ende der 1960er-Jahre entwickelt. Heute ist die Overlock nicht mehr aus dem Hobbybereich wegzudenken. Dies ist vor allem darauf zurückzuführen, dass zunehmend elastische Stoffe wie Jersey, Sweat und French Terry verarbeitet werden, die eine elastische Naht erfordern. Die Overlock näht nämlich besonders strapazierfähige elastische Nähte und durch ihren speziellen Transporteur verhindert sie das typische Verschieben und Wellen von elastischen Stoffen. Heute gibt es viele verschiedene Overlock-Maschinen, von ganz einfachen bis hin zu sehr fortschrittlichen Modellen mit Lufteinfädelung und computergesteuerte Maschinen.

Was kann eine Overlock und was kann sie nicht?

Eine Overlock übernimmt für dich verschiedene Aufgaben.

Sie kann:

- nur am Rand vom Stoff nähen
- deutlich schneller nähen als eine Nähmaschine
- die Stoffkante professionell versäubern
- die Nahtzugabe zurückschneiden
- hoch elastische Nähte anfertigen
- Wellen und Dehnen bei elastischen Stoffen verhindern
- Kräuseln
- bis zu 17 verschiedene Nähte anfertigen

Eine Overlock kann nicht:

- eine feste Naht anfertigen
- in der Mitte des Stoffes nähen
- ein Knopfloch anfertigen
- Absteppen

Daraus ergibt sich, dass die Overlock eine wunderbare Ergänzung zur normalen Nähmaschine ist, diese aber auf keinen Fall ersetzen kann. Zuerst brauchst du eine Nähmaschine und dann kann eine Overlock bei dir einziehen. Durch ihre Fähigkeit, elastische Nähte zu nähen und den speziellen Transporteur kannst du mit der Overlock besonders gut elastische Stoffe verarbeiten. Weniger gut geeignet ist sie, um Webware mit stabilen Nähten zu versehen. Dafür versäuberst du aber Webstoffe schnell und besonders sauber mit der Overlock.

Unterschiede zur Nähmaschine

Im Gegensatz zur Nähmaschine werden mit einer Overlock elastische Nähte erzeugt. Dabei werden bis zu zwei Nadelfäden und zwei Greiferfäden miteinander verschlungen. Eine Nähmaschine dagegen verknotet den Ober- und Unterfaden und erzeugt somit eine stabile, nicht elastische Naht. Außerdem schneidet eine Nähmaschine den Stoff nicht ab und kann in der Mitte des Stoffes nähen. Mit einer Nähmaschine kannst du auch Reißverschlüsse einnähen und Knopflöcher anfertigen. Dies alles ist mit einer Overlock nicht möglich.

Unterschiede zur Coverstitch

Neben der normalen Nähmaschine und der Overlock gibt es noch die Coverstitch-Maschine. Ihre Hauptaufgabe ist es, elastische Säume anzufertigen. Der klassische T-Shirt-Saum mit zwei parallelen Nähten und den Verschlingungen auf der Rückseite ist typisch für die Coverstitch.
Anders als die Overlock besitzt die Coverstitch kein Messer, um die Nahtzugabe zurückzuscheiden. Eine Coverstitch arbeitet ausschließlich auf dem Stoff und nicht an der Stoffkante wie eine Overlock. Dabei werden bis zu fünf Fäden verwendet: ein bis drei Fäden für die Nadeln, ein Faden für den Greifer und ein Faden für den Oberleger. Allerdings hat nicht jede Coverstitch einen Ober-

leger. Ebenso wie die Overlock ist die Coverstitch mit einem doppelten Transporteur ausgestattet und kann so elastische Stoffe besonders gut transportieren.
Mit einer Coverstitch-Maschine können somit verschiedene Nähte erzeugt werden. Außerdem lassen sich mit speziellen Apparaten Stoffkanten besonders gut einfassen. Mit dem Oberleger können tolle Sportnähte erzeugt werden.

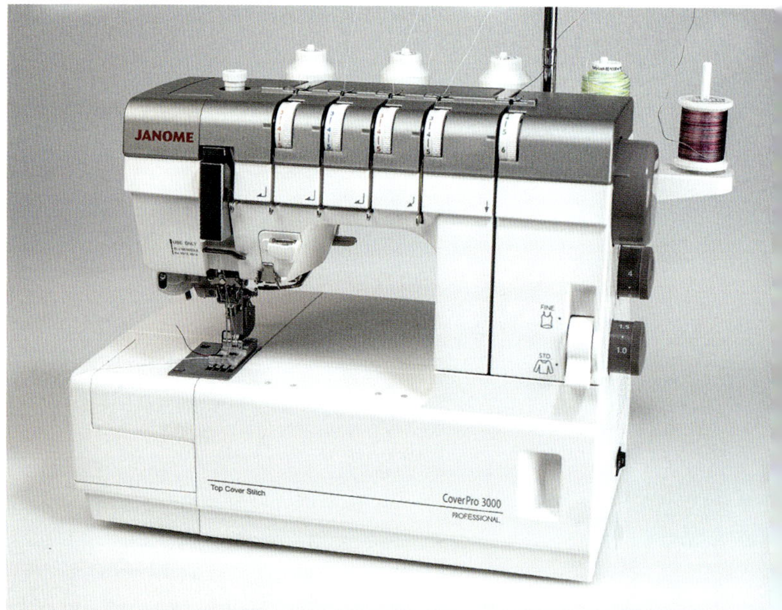

Coverstitch JANOME CoverPro 3000 Professional

Doppelfaltschrägbinder mit Führungsrechen

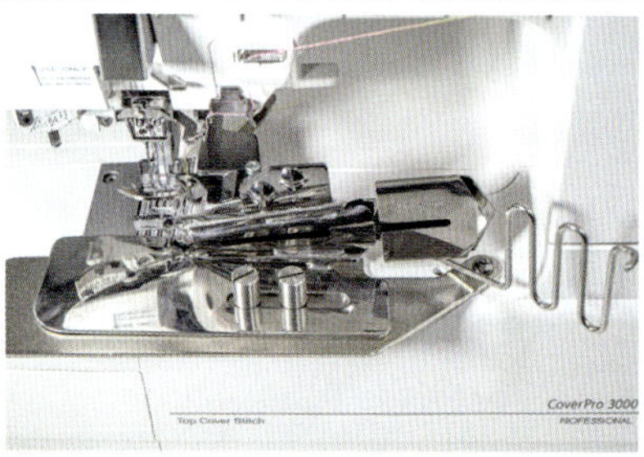

Was ist eine Coverlock?

Eine Coverlock ist eine Kombimaschine aus Overlock und Coverstitch. Sie kann jedoch nicht beide Nähte gleichzeitig erzeugen und muss für die jeweilige Verwendung umgebaut werden.

Wichtige Begriffe für das Arbeiten mit der Overlock

① Differential / Differentialtransport

Der Differentialtransport ist ein spezieller zweigeteilter Transporteur. Damit kann man über ein Einstellrad steuern, wie der Stoff beim Nähen gedehnt und unter dem Nähfuß transportiert wird. Auf diese Weise kannst du bewusst das Dehnen oder Kräuseln eines Stoffes verhindern oder, wenn gewünscht, gezielt erzeugen. Auf die genaue Funktionsweise des Differentials wird ab Seite 45 eingegangen.

② Fadenkette / Abketteln

Dies ist die lose Fadenkette ohne Stoff am Ende und Beginn einer Naht.

③ Fadenspannung

Die Overlock arbeitet mit bis zu vier Fäden. Für jeden dieser Fäden muss die Fadenspannung separat eingestellt werden. Die meisten Maschinen verfügen dafür über ein Fadenspannungseinstellrad. Einige Maschinen, wie die baby lock enlighten, regulieren die Fadenspannung vollautomatisch. Wie die Fadenspannung richtig eingestellt wird, erkläre ich dir ab Seite 48.

④ Messerposition

Damit werden die Stellung des Messers und der Abstand zur verwendeten Nadel beschrieben. Eine perfekte Messerposition erzeugt eine Schnittkante direkt an der Naht. Der Stoff wird dabei nicht zusammengequetscht und es entstehen auch keine Luftschlaufen. Die Messerposition kann über ein Einstellrad von links nach rechts geändert werden. Manche Hersteller bezeichnen die Messerposition auch als Stichbreite. Dies wird ab Seite 50 genau erklärt.

⑤ Overlockstich

Das ist die Bezeichnung für einen Stich, der mit der Overlock genäht wird. Normalerweise ist damit die 4-Faden-Overlock-Standardnaht gemeint.

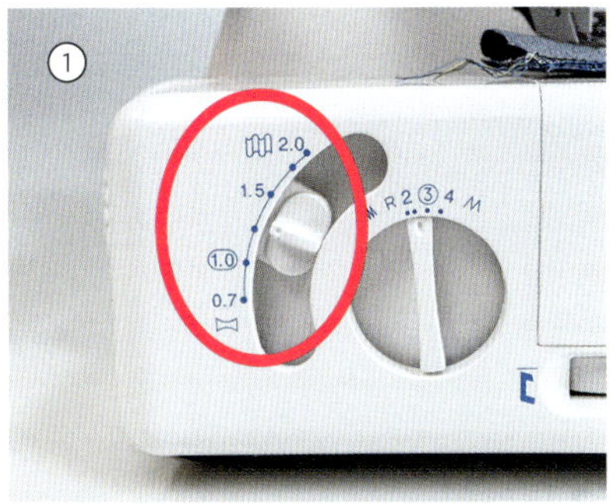

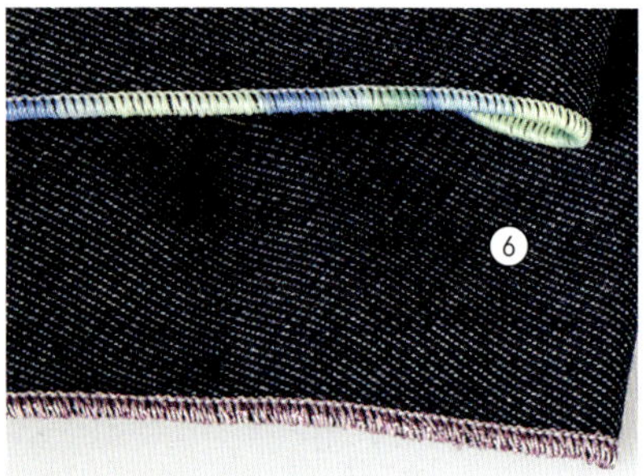

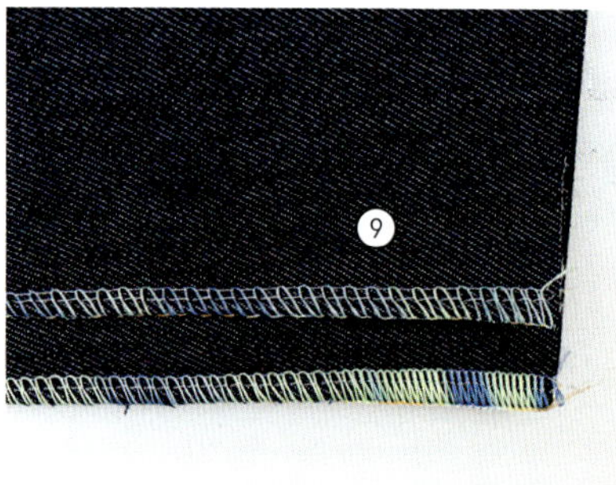

6 Rollsaum

Ein Rollsaum ist eine besondere Art von Saum, der meist bei sehr leichten und dünnen Stoffen zum Einsatz kommt. Dabei wird die Saumkante eingerollt und umnäht, was besonders hochwertig aussieht. Wie du deine Overlock für einen Rollsaum einstellen musst, erkläre ich ab Seite 91.

7 Saumbreite

Die Saumbreite ist die Breite von der Nadel bis zur Stoffkante.

8 Stichbreite

Die Stichbreite ist die Breite der Naht. Sie kann nicht bei allen Overlock-Maschinen eingestellt werden, eine Ausnahme bilden die Maschinen der Marke baby lock. Lies dazu auch in der Bedienungsanleitung deiner Maschine nach. Einige Hersteller bezeichnen die Messerposition als Stichbreite.

9 Stichlänge

Die Stichlänge bei der Overlock bezeichnet, genau wie bei der Nähmaschine, die Länge von einem Stich zum nächsten. Typischerweise wird eine Stichlänge von 2,5 bis 3 verwendet. Hier gilt die Faustregel: je dicker der Stoff, desto größer die Stichlänge. Die Stichlänge kann über ein Einstellrad reguliert werden.

Tipps zum Kauf einer Overlock

Grundsätzlich empfehle ich dir, deine Overlock in einem Fachgeschäft zu kaufen. Denn nur dort kannst du die Maschine auf Herz und Nieren prüfen und bekommst auch eine kompetente Einweisung. Mittlerweile gibt es allerdings auch sehr gute Onlinehändler, die dich telefonisch beraten und es dir ermöglichen, die Overlock zu Hause ausgiebig zu testen.

Ich rate davon ab, eine Overlock beim Discounter zu erwerben. Warum? Zum einen gibt es keinen Reparatur- und Wartungsservice und zum anderen ist es schwierig, für diese Modelle Zubehör oder Ersatzteile zu bekommen. Wie beim Nähmaschinenkauf ist auch beim Kauf einer Overlock jeder Euro, den du mehr ausgibst, eine Investition in die Kraft und Präzision der Maschine. Günstigen Modellen fehlt es einfach oft an der nötigen Kraft, um zwei Lagen Sweat in Kombination mit einem Bündchen zu nähen. Aber genau das ist oft der Nähalltag. Am besten nimmst du daher eine entsprechende Stoffprobe aus Sweat und zwei Lagen Bündchen mit, wenn du in dein Nähgeschäft gehst, um Overlocker auszuprobieren. Dann merkst du direkt, ob eine Maschine genug Kraft hat für deine Ansprüche.

Achte außerdem darauf, dass die Overlock sich einfach einfädeln lässt. Bei günstigeren Modellen ist das Einfädeln oft schwieriger. Außerdem sollte deine Maschine über einen verstellbaren Nähfußdruck verfügen sowie über einen Konverter (Obergreiferabdeckung), damit du auch 2-Faden-Nähte machen kannst.

Bevor du dich für deine Overlock entscheidest (ob im Fachgeschäft oder vom Onlinefachhändler), teste folgende Dinge:

- das Einfädeln
- das Nähen von Viskosejersey
- das Nähen von mehreren dicken Stofflagen
- das Anbringen des Konverters (Obergreiferabdeckung)

Hier eine Übersicht über die Funktionen, die deine Overlock auf jeden Fall haben sollte und die in meinen Augen nicht verhandelbar sind:

- verstellbarer Nähfußdruck
- Differentialtransporteur
- Einfädelhilfe für den Untergreifer
- Konverter (Obergreiferabdeckung) für 2-Faden-Nähte
- Ersatzmesser
- Zubehör wie Sonderfüßchen sollten erhältlich sein
- Ersatzteile sollten erhältlich sein

Einige Overlocker haben darüber hinaus weitere Ausstattungsmerkmale, die dir das Nähen zusätzlich erleichtern können. Das sind Nice-to-haves, die sich aber wirklich lohnen können:

- Lufteinfädelung
- eingebauter Nadeleinfädler
- automatische Spannungseinstellung
- Kniehebel
- Fadenabschneider

Mit der Lufteinfädelung werden die Greiferfäden per Luft eingeblasen. Das funktioniert wirklich gut und ist besonders für Menschen zu empfehlen, die schlecht sehen oder Schwierigkeiten beim Einfädeln haben. Mehr dazu ab Seite 40.
Auch der eingebaute Nadeleinfädler erleichtert das Einfädeln der Nadeln sehr. Ab Seite 40 erfährst du mehr darüber.
Du möchtest dich einfach nur dransetzen und nähen, ohne vorher viel einzustellen und zu testen? Dann schau dir unbedingt Overlock-Maschinen mit automatischer Spannungseinstellung an. Bedenke aber, dass diese Funktion auch von Nachteil sein kann, wenn du die Spannung gezielt verstellen willst, um besondere Effekte zu erzielen. Mehr zur richtigen Fadenspannung erfährst du ab Seite 48. Der Kniehebel ermöglicht dir, die Hände immer beim Nähgut zu lassen.

HINWEIS

Hier kannst du eine Checkliste für deinen Overlock-Kauf herunterladen:

EXKURS

baby lock

Immer wieder werde ich gefragt, was eine baby lock ist. Baby lock ist ein Hersteller von Overlock-, Coverlock- und Coverstitch-Maschinen. Diese Maschinen sind besonders präzise, zuverlässig und leistungsstark. Viele der Modelle verfügen über ein automatisches Lufteinfädel- sowie über ein automatisches Fadenzufuhrsystem. Das bedeutet, die Fäden werden in die Greifer eingeblasen und du musst sie nicht selbst einfädeln. Das Einfädeln geht also schnell und unkompliziert. Das Fadenzufuhrsystem reguliert die Fadenspannungen perfekt und du musst nichts einstellen. Baby lock war der erste Anbieter solcher Systeme. Mittlerweile gibt es Maschinen dieser Art auch von anderen Herstellern. Diese beiden Systeme haben allerdings nicht nur Vor-, sondern auch Nachteile. Nämlich, wenn du Spezialgarne nutzen möchtest, die nicht eingeblasen werden können, bzw. wenn du die Spannungen gezielt verstellen möchtest, um besondere Effekte zu erreichen. Dies ist dann manchmal umständlicher oder nicht möglich. Mehr darüber erfährst du in den Abschnitten zu den einzelnen Nähten bzw. im Kapitel zu den Garnen (ab Seite 109).

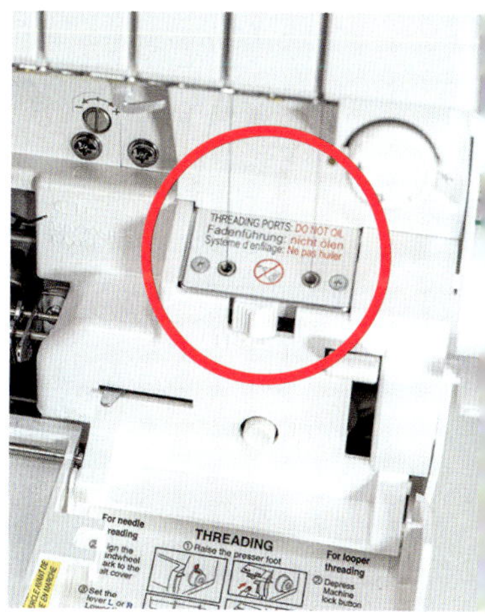

baby lock Victory

Interview mit nähPark

Weitere Informationen findet ihr unter **www.naehpark.com** oder auf unseren Social-Media-Kanälen @naehpark:

Podcast und **Nähratgeber**

Wer ist der nähPark?

In Bayern daheim – überall zu Hause!

Aus einem kleinen Nähmaschinenladen im schönen Cham in der Oberpfalz wurde einer der führenden Online-Fachhändler Deutschlands. Denn wir lieben, was wir tun! Einfach nur verkaufen reicht uns nicht. Denn wir sind die Näh- und Stickexperten, weil wir das gleiche Hobby haben wie ihr. Unser Team besteht aber nicht nur aus Experten für Nähen, Sticken oder Plotten, sondern auch aus Software-Spezialisten, Versand-Profis, Technik-Freaks und Marketing-Talenten. Unser Ziel ist es immer, für unsere Kunden das Beste zu erreichen: beste Preise, beste Qualität und besten Service. Zu jeder Zeit.

Unsere Service-Versprechen

Nach über 90 Jahren als Händler vor Ort und 20 Jahren im Online-Business haben wir ein Rundum-sorglos-Paket für euch entwickelt:

60 Tage testen: Zwei Monate Testen klingt doch besser als nur zwei Wochen, oder?

Vollkasko: Einmal nicht aufgepasst, runtergefallen. Die Vollkasko ist bei uns bei vielen Modellen im Preis inklusive für 24 Monate.

Finanzierung: Nicht erst lange sparen, gleich finanzieren! Mit bis zu 72 Monaten Laufzeit.

Mieten: www.naehmaschine4you.de, flexibel mit unserem Nähmaschinen-Abo. Ab 3 Monaten das Wunschmodell mieten und jederzeit kaufen.

Versand: Versandkostenfrei ab 50 Euro (Deutschland) und in der Regel liefern wir innerhalb von zwei Werktagen!

Rückläufer und Gebrauchte mit Garantie: so gut wie neu – nur günstiger. Werkstattgeprüft und 12 Monate nähPark-Garantie!

Wir sind einfach näher!

Auf was muss ich beim Kauf einer Overlock achten?

Hier haben wir ein paar Punkte zum Thema Overlock, die besonders Anfängern nicht immer bewusst sind, aber beim Nähen viel ausmachen können und über die Basisinformationen hinausgehen ...

Das Einfädeln

Eine Lufteinfädelung für die Greiferfäden macht den Vorgang nicht nur schneller, sondern reduziert auch Fehlerquellen. Wenn ihr euch für Lufteinfädelung entscheidet, aber auch dickes Garn nutzen wollt, informiert euch, ob die Lufteinfädelung umgangen werden kann. Das heißt, dass man nicht mit dem Draht manuell einfädelt, sondern es muss ein separater Fädelweg um den Eingang der Lufteinfädelung vorhanden sein.

Und wenn es bei den Greifern schon schnell geht, warum nicht auch bei den Nadeln? Also auch da mal einen Blick drauf werfen, ob sie einen Nadeleinfädler hat, und wenn ja, wie er funktioniert.

Kombi- oder Einzelmodell?

Eine Coverlock ist die Kombination aus Covermaschine und Overlock und somit zwei in einem. Das bedeutet: Man muss die Maschine umbauen, um die verschiedenen Funktionen zu nutzen. Das kann im Nähflow ziemlich ausbremsen und daher raten wir vor allem Anfängern, mit einer reinen Overlock zu beginnen. Das macht auch die Fehlersuche einfacher. Wenn es unbedingt eine Coverlock sein soll, lasst euch ausführlich beraten!

Die Stichzunge

Kleines Teil, das viel ausmacht. Gab es früher meist fest verbaute Stichzungen, sind sie heute flexibler. Achtet dabei darauf:

- Bei einigen älteren, einfachen Modellen bewegt sich die Stichzunge nicht mit dem Messer, man muss also immer an der Spannung herumstellen, wenn man die Schnittbreite ändert.
- Muss man sie für den Rollsaum ausbauen oder kann man sie von außen einfach abschalten?
- Bei einigen Herstellern kann sie unabhängig vom Messer verstellt werden, um die Greiferschlingen zu optimieren (TWA bei Juki, MTC bei Bernette und Bernina, PTC bei Husqvarna Viking).

Konverter

Dieses Bauteil wird auch Greiferabdeckung genannt und genau das tut es auch. Damit wird der Obergreifer deaktiviert und die Overlock kann mit nur zwei Fäden, statt üblichen drei oder vier, nähen. Ein Rollsaum mit zwei Fäden wird sehr fein, die Flatlocknaht legt sich mit zwei Fäden noch besser. Auch hier muss der Konverter bei manchen Overlockern aufgesteckt werden, bei anderen ist er direkt am Greifer angebaut und muss nur aktiviert werden.

Die Schnittbreite

Mittlerweile kann man die bei vielen Overlockern verstellen, zwischen 5,5 und 7 Millimeter. Aber es gibt auch Modelle, die schaffen bis zu 9 Millimeter. Passt manchmal optisch besser zu dicken Stoffen und macht sich toll bei Flatlocknähten mit dickeren Garnen.

Komfortable Bedienung von außen

Immer mehr Hersteller legen die Knöpfe und Drehregler nach außen. Wer öffnet schon gern erst die Klappe, um das Messer abzuschalten oder die Schnittbreite zu verstellen? Auch muss man die Stichzunge entweder ausbauen oder einfach mit einem leicht erreichbaren Hebel verstellen. Achtet also darauf, ob alles außen an der Maschine bedient werden kann und ob alles rechts oder links am Gehäuse angebraucht wurde. Ob das Heben des Nähfußes rechts oder links besser passt, muss jeder für sich selbst rausfinden. Oder ihr nutzt einfach den Kniehebel.

1. GRUNDLAGEN

- Aufbau der Overlock
- Zubehör
- Details zu zusätzlichem Zubehör
- Zusätzliche Nähfüßchen
- Nadeln für die Overlock
- Garne für die Overlock
- Reinigung und Wartung

Aufbau der Overlock

① Netzschalter
Er dient zum An- und Ausschalten der Overlock.

② Handrad
Damit lassen sich die Nadeln per Hand bewegen. Das Handrad wird grundsätzlich nach vorn gedreht. Nur zum Lösen der Fadenkette dreht man es nach hinten. Mehr dazu findest du im Kapitel über das Einfädeln ab Seite 36.

③ Garnrollenhalter
Auf ihnen werden die Garnrollen platziert. Mehr zum Thema Garne ab Seite 109.

④ Fadenbaum mit Teleskopstange
Hier werden die Fäden entlanggeführt. Achte darauf, dass die Teleskopstange immer vollständig ausgezogen ist und der Faden sich nicht in der Fadenführung verknotet.

⑤ Vorspannung
Auch durch die Fadenvorspannung werden die Fäden geführt.

⑥ Einstellungsrädchen für die Fadenspannung
Darüber wird die Fadenspannung für die einzelnen Nadeln eingestellt: (v. l. n. r.) linke Nadel, rechte Nadel, Obergreifer, Untergreifer. Mehr zum Thema Fadenspannung findest du ab Seite 48.

⑦ Nadeln
Die Overlock kann mit einer oder zwei Nadeln nähen. Die rechte Nadel schaut immer etwas weiter nach unten heraus als die linke. Mehr zum Thema Nadeln ab Seite 29.

⑧ Nadelschrauben
Zum Tauschen der Nadeln werden diese Schrauben nur gelockert, nicht ganz herausgedreht! Ein passender Schraubendreher oder Inbus®-Schlüssel liegt dem Zubehör bei.

⑨ Kettelfinger / Stichzunge
Der Kettelfinger – auch Stichzunge genannt – stabilisiert die Stoffkante für das Abschneiden durch das Messer und das Umschlingen der Stoffkante durch die Greiferfäden.

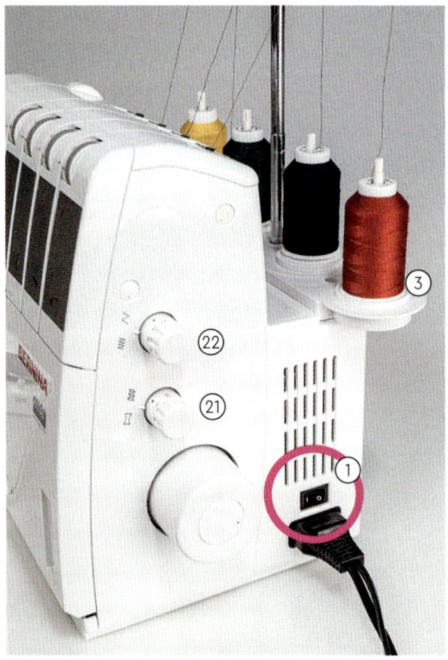

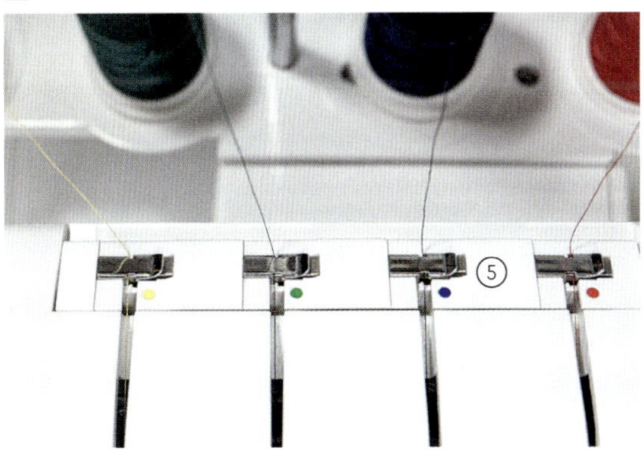

⑩ **Nähfuß**

Der Nähfuß kann ausgetauscht werden, für unterschiedliche Nähte können unterschiedliche Nähfüße verwendet werden. Mehr dazu ab Seite 28.

⑪ **Nähfußhebel**

Damit kann man den Nähfuß anheben und senken.

⑫ **Stichplatte**

Sie deckt den Transporteur ab und ist zur Reinigung regelmäßig zu öffnen.

⑬ **Transporteur / Differentialtransporteur**

Dieser besteht bei der Overlock aus zwei separaten Transporteuren, die unabhängig voneinander arbeiten. Der vordere Transporteur transportiert den Stoff hin zu den Nadeln und der hintere weg von den Nadeln. Durch das Einstellrad für den Transporteur kann reguliert werden, wie diese sich zueinander bewegen sollen.

⑭ **Messer**

Die Overlock hat ein Ober- und ein Untermesser. Sie funktionieren wie eine Schere und schneiden den Stoffrand sauber ab. Achte darauf, dass du immer ein Ersatzmesser zu Hause hast. In der Regel wird das Obermesser getauscht. Es gibt aber Ausnahmen.

⑮ **Führungslinie zum Nähen**

Hier kannst du deinen Stoff entlangführen und so perfekt gerade nähen.

⑯ **Obergreifer**

Der Obergreifer bildet die Fadenschlingen, die auf der Oberseite des Stoffes zu sehen sind. Er bewegt sich von rechts nach links. Gemeinsam mit dem Untergreifer umschlingt er die Stoffkante.

⑰ **Untergreifer**

Der Untergreifer bildet, im Zusammenspiel mit dem Obergreifer, die Fadenschlingen auf der Unterseite des Stoffes. Er bewegt sich von links nach rechts.

⑱ **Einfädelhilfe für den Untergreifer**

Dieses kleine Teil hilft dir, den Faden für den Untergreifer richtig einzufädeln. Manche günstigen Maschinen haben dies nicht, dann ist das Einfädeln etwas schwieriger.

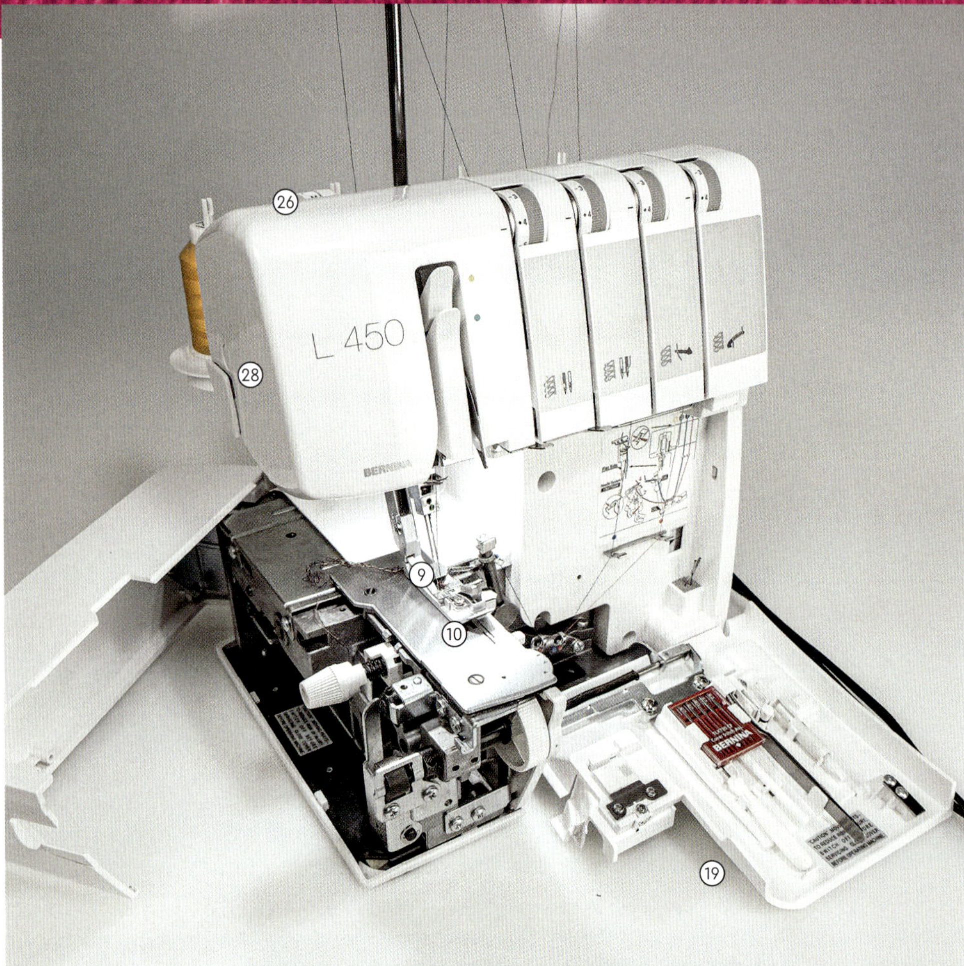
26
28
L 450
BERNINA
9
10
19

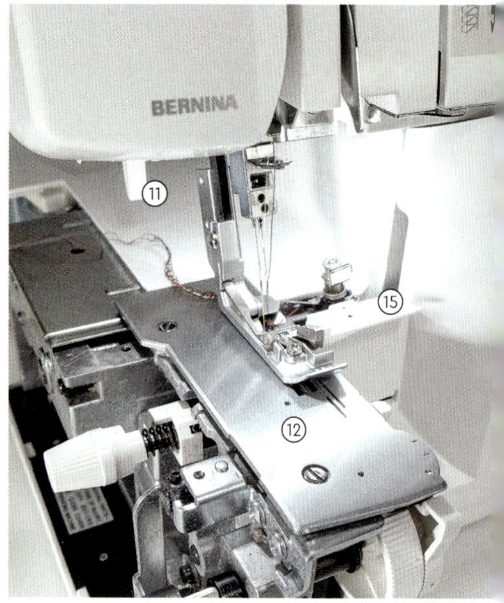
BERNINA
11
15
12

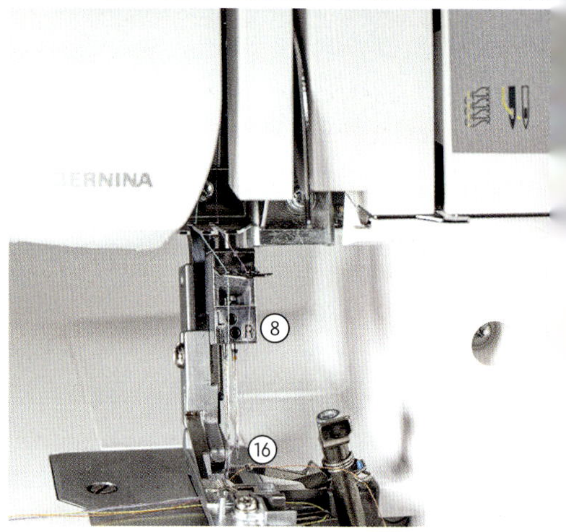
8
16

L 450
BERNINA
BERNINA
25
24

⑲ Frontabdeckung

Hinter der Frontabdeckung befinden sich in der Regel ein aufgedrucktes Einfädelschema und die Markierung, wo deine Maschine regelmäßig geölt werden sollte. Die Frontabdeckung wird meist durch leichten Zug nach rechts geöffnet. Oft befindet sich in der Klappe auch weiteres Zubehör für die Overlock.

⑳ Freiarmabdeckung (ohne Abb.)

Mit einem Freiarm können rundgeschlossene Kleidungsstücke wie Hosenbeine oder Ärmel ganz einfach genäht werden. Allerdings verfügt nicht jede Overlock über einen Freiarm und meiner Meinung nach ist er auch nicht unbedingt nötig. Im Projekt „Bündchen mit der Overlock", zeige ich dir, wie du auch ohne Freiarm ganz kleine Rundungen nähen kannst.

㉑ Regler für den Differentialtransporteur

Hier kannst du einstellen, wie sich der Transporteur bewegen soll.

㉒ Einstellung für die Stichlänge

Hier stellst du die Stichlänge für deine Overlock ein.

㉓ Einstellung für die Stichbreite (ohne Abb.)

Bei einigen Overlock-Maschinen kann die Stichbreite eingestellt werden, bei anderen Modellen nicht. Lies dazu in deiner Bedienungsanleitung nach.

㉔ Einstellrad für die Messerposition

Damit kannst du das Messer von links nach rechts bewegen und so regulieren, wo geschnitten wird.

㉕ Regler für den Rollsaum

Hiermit wird der Kettelfinger deaktiviert oder aktiviert. Nähst du einen Rollsaum, muss er deaktiviert werden. Bei einigen günstigen Maschinen gibt es diesen Regler nicht, da muss der Kettelfinger dann vollständig ausgebaut werden. Lies dafür in deiner Anleitung nach.

㉖ Nähfußdruckregler

Hier stellst du den Nähfußdruck ein. Manche Overlock-Maschinen haben eine direkte Markierung, bei anderen drehst du die Schraube herein oder heraus und musst dir die Position markieren.

㉗ Abfallbehälter

Einige Maschinen haben den Abfallbehälter inklusive, bei anderen ist er als Zubehör erhältlich.

㉘ Fadenabschneider

Bei den meisten Overlockern befindet sich auf der linken Seite ein Fadenabschneider. Führe einfach die Fadenkette hindurch und sie wird abgeschnitten.

㉙ Pedal (ohne Abb.)

Hiermit steuerst du die Nähgeschwindigkeit. Je fester du auf das Pedal trittst, desto schneller näht die Maschine.

Mögliche weitere Ausstattungsmerkmale bei hochwertigen Maschinen

Lufteinfädelung

Einige hochpreisige Maschinen haben eine Lufteinfädelung für den Unter- und Obergreifer. Dies macht das Einfädeln besonders leicht, z. B. für Menschen, die nicht mehr gut sehen. Meine persönliche Erfahrung ist, dass selbst nach vielen Jahren intensiver Nutzung die Lufteinfädelung perfekt funktioniert.

Automatischer Nadeleinfädler

Einige Maschinen besitzen, genau wie die normale Nähmaschine, einen automatischen Einfädler. Dieser wird immer auf die entsprechende Nadel eingestellt und dann funktioniert es sehr ähnlich wie bei der Nähmaschine.

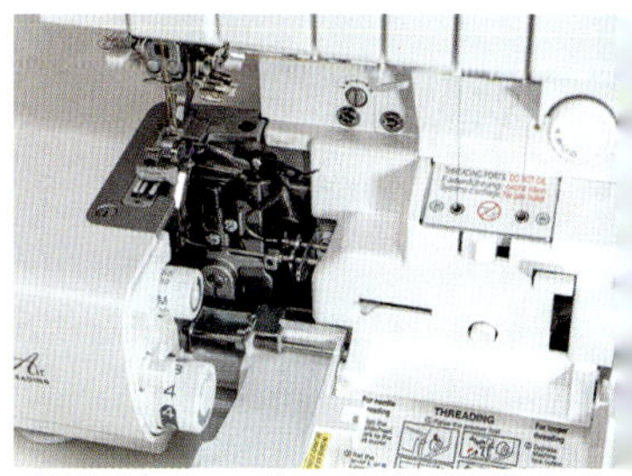

- **Zubehörfach**
  Bei vielen Modellen findet sich unter der Garnrollenhalterung ein Zubehörfach.
- **Automatische Einstellung der Fadenspannung**
  Bei hochpreisigen Maschinen gibt es Modelle, die die Fadenzufuhr automatisch regulieren, z. B. die JUKI MO-3500 Sumato. Mittels eines Sensors werden die Stoffdicke und weitere Parameter erkannt und so wird die Spannung perfekt reguliert. Dies funktioniert zwar sehr gut, hat allerdings einen Nachteil: Möchte man gezielt in die Spannung eingreifen, um bestimmte Effekte zu erzielen, ist das nur eingeschränkt möglich.
- **Sicherheitsnähstopp**
  Viele Modelle nähen nicht, wenn die Frontabdeckung geöffnet ist. Dies dient der Sicherheit.

- **Doppelter Nähfußhub**
  Bei einigen Modellen gibt es, wie bei der Nähmaschine, einen doppelten Nähfußhub. Damit geht der Nähfuß noch weiter nach oben, sodass man dickere Stofflagen darunterlegen kann. Drücke dafür den Nähfußhebel einfach weiter nach oben und halte ihn gedrückt.
- **Kniehebel**
  Es gibt auch Modelle, z. B. die JUKI MO-3500, die mit einem Kniehebel ausgestattet sind. Dies macht das Nähen besonders komfortabel, da man mit dem Kniehebel den Nähfuß anheben und dafür die Hände am Stoff lassen kann.

Zubehör

Deine Overlock kommt mit jeder Menge Zubehör daher. Schau es dir gut an, denn du wirst es regelmäßig benötigen.

① Schraubenzieher
Mit der Overlock werden verschiedene Schraubenzieher geliefert, die du z. B. zum Öffnen der Stichplatte und zum Wechseln der Nadeln benötigst.

② Abdeckhaube
Sie dient zum Schutz vor Staub bei Nichtbenutzung. Fahre den Fadenbaum ein, bevor du deine Overlock abdeckst.

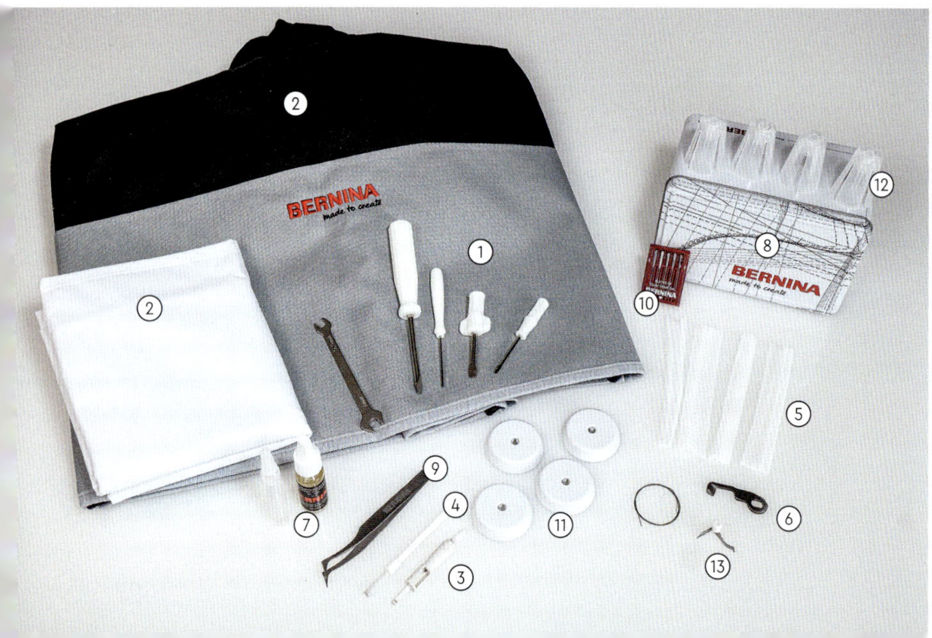

③ Einfädelhilfe für die Nadeln
Wenn deine Overlock-Maschine keine eingebaute Einfädelhilfe hat, kannst du das kleine Helferlein zum Einfädeln verwenden.

④ Flusenpinsel
Damit kannst du deine Overlock reinigen.

⑤ Garnrollennetze
Diese werden über die Garnrollen gezogen, wenn das Garn nicht regelmäßig ablaufen sollte.

⑥ Ersatzmesser
In der Regel wird die Maschine mit einem Ersatzmesser ausgeliefert, welches du eigenständig tauschen kannst. Besorge dir nach dem Einsetzen des Ersatzmessers unbedingt ein neues, sodass du immer eines zu Hause hast. Achte darauf, dass es zu deiner Maschine passt, denn die Messer unterscheiden sich je nach Maschinentyp.

⑦ Maschinenöl
Deine Overlock muss regelmäßig, etwa alle 8 bis 10 Betriebsstunden, geölt werden. Verwende dazu das mitgelieferte Maschinenöl.

⑧ Zubehörbox
Darin kannst du dein Zubehör aufbewahren.

⑨ Pinzette
Die Pinzette wird zum Einfädeln benötigt.

⑩ Ersatznadeln
Nadeln sind Verbrauchsartikel beim Nähen und sollten regelmäßig getauscht werden.

⑪ Garnstopper
Diese benötigst du, wenn du mit kleinen Garnrollen arbeitest, damit das Garn sauber abläuft.

⑫ Garnrollenhalter
Diese dienen dazu, die Garnrollen aufzunehmen und zu stabilisieren.

⑬ Abdeckung für den Obergreifer
Um bestimmte Nähte anzufertigen, muss der Obergreifer abgedeckt werden. Achtung, diese Abdeckung ist nicht für alle Maschinen erhältlich oder bei einigen Modellen direkt am Obergreifer verbaut!

Details zu zusätzlichem Zubehör

Garnnetze

Garnnetze liegen bei fast allen Overlockern als Zubehör bei. Sie werden über die Garnrolle gezogen und verhindern, dass Garne, die leicht von der Rolle fallen, sich unter der Spule verwickeln. Nutze die Netze aber nur, wenn dies passiert, und lasse sie nicht standardmäßig auf den Garnrollen.

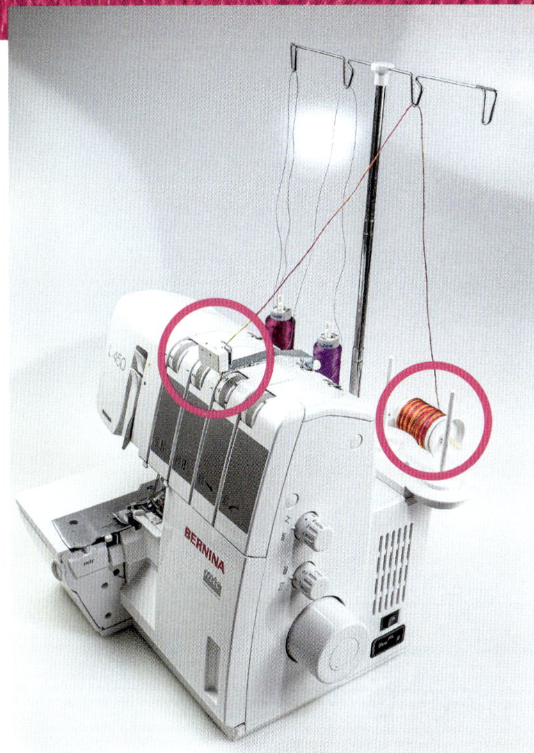

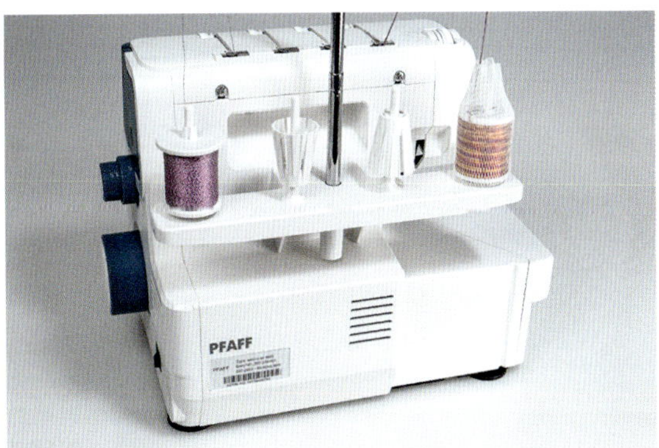

Garnführung für Spezialgarne

Einige Hersteller bieten spezielle Garnführungen für extradicke Garne an. Diese helfen dir, das Garn gleichmäßig zu verarbeiten und somit ein schönes Stichbild zu erzielen. Erkundige dich im Fachhandel nach diesen Garnführungen.

Saumführung

Einige Overlockmodelle bieten eine Saumführung an, damit beim Nähen ein perfekter Abstand für die Nahtzugabe eingehalten werden kann. Dies erleichtert dir das exakte Nähen.

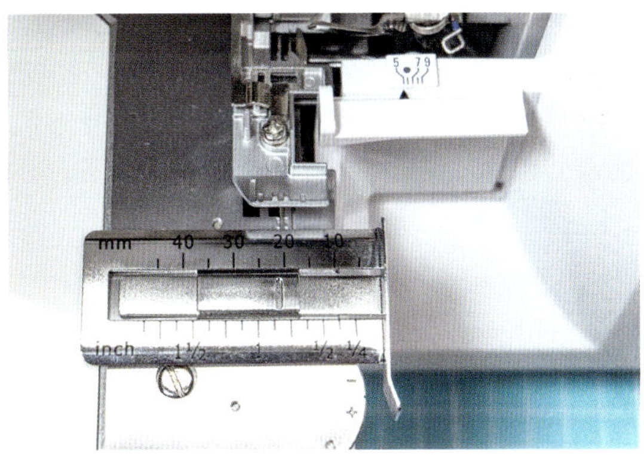

Zusätzliche Nähfüßchen

Wie für die Nähmaschine gibt es auch für die Overlock zusätzliche Nähfüßchen, die dir das Nähleben sehr erleichtern können. Schau dir im Kapitel über die Nähfüßchen ab Seite 127 deren Nutzung und Verwendung im Detail an und entscheide dann, welche für dich wichtig sind.

① Kurvennähfuß

Kürzerer Nähfuß, mit dem man leichter Kurven nähen kann

② Klarsichtfuß

Füßchen aus Kunststoff für eine bessere Sicht

③ Paspelfuß

Der Paspelfuß dient dazu, Paspeln in einem Arbeitsschritt zwischen zwei Stofflagen einzunähen.

④ Gummibandannähfuß

Mit dem Gummibandannähfuß kannst du ein Gummiband gleichmäßig gedehnt auf deinen Stoff nähen. Durch eine Stellschraube wird bestimmt, wie stark das Gummiband gedehnt wird.

⑤ Perlenfuß

Mit diesem Fuß können Kordeln oder Perlen für dekorative Zwecke angenäht werden.

⑥ Kräuselfuß

Mit dem Kräuselfuß werden zwei Stofflagen zusammengenäht. Dabei wird die untere Stofflage gekräuselt. Dies wird genutzt, um z. B. Rüschen an Kleidung zu nähen.

⑦ Blindstichfuß

Mit dem Blindstichfuß kannst du einen Blindsaum nähen, also einen auf der rechten Seite nahezu unsichtbaren Saum. Er kann aber auch verwendet werden, um dekorative Säume zu erzeugen.

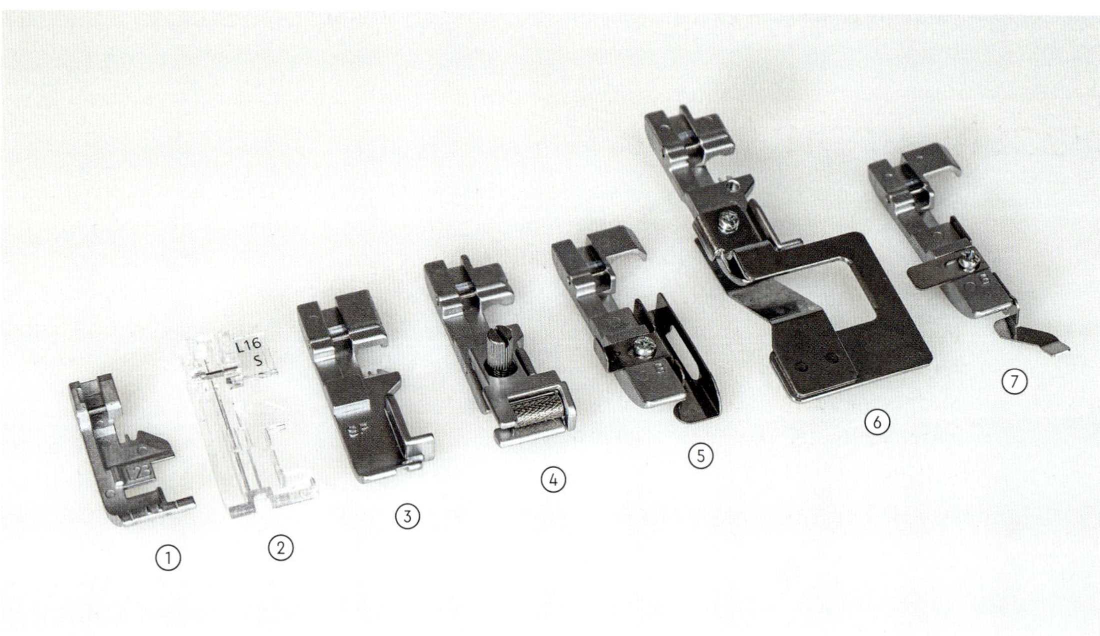

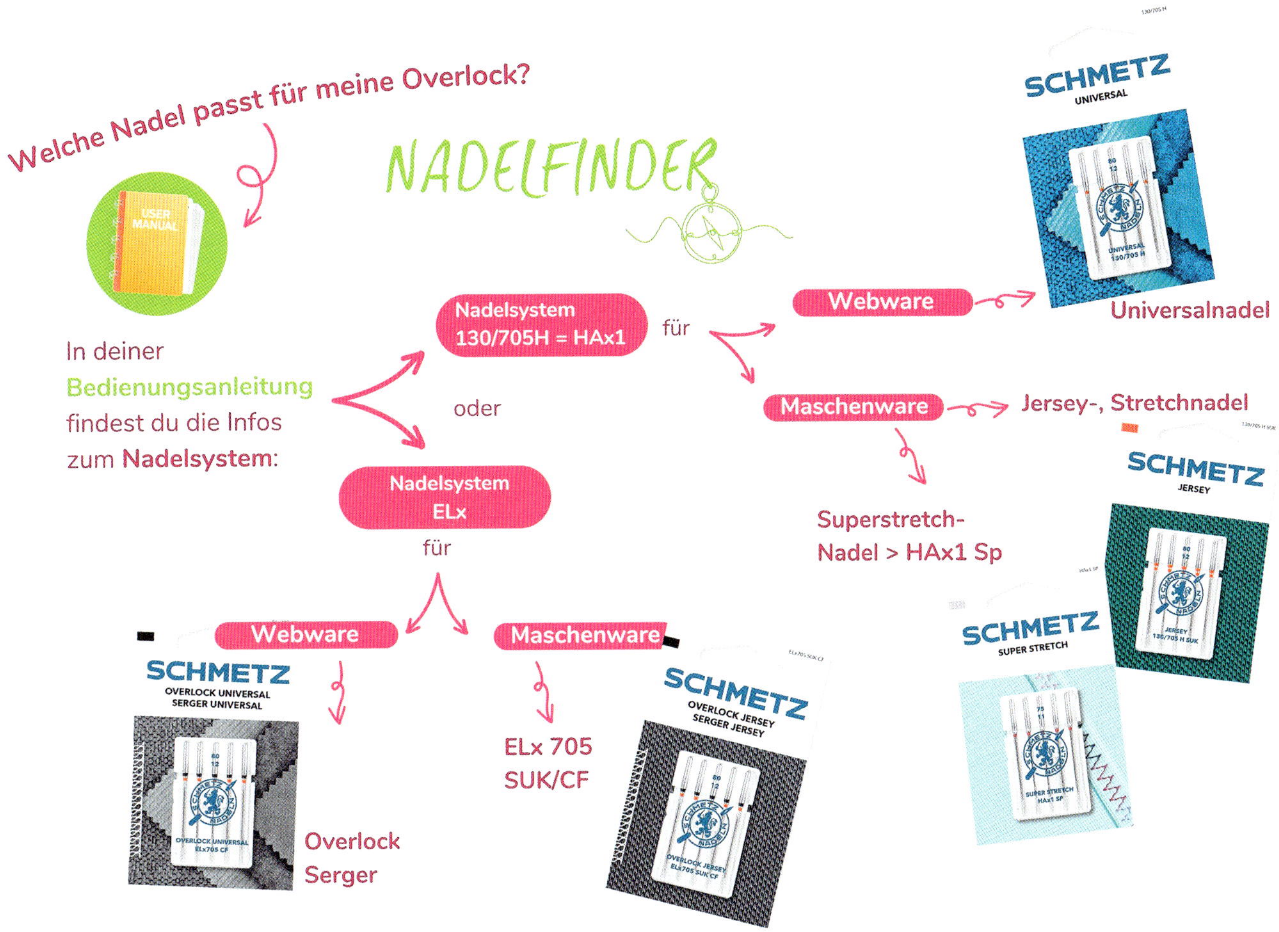

Nadeln für die Overlock

Verschiedene Overlockmodelle erfordern verschiedene Nadelsysteme. Lies dazu am besten in der Bedienungsanleitung deiner Maschine nach. Deine Overlock wird meist mit einem Ersatzpäckchen Nadeln ausgeliefert. In der Regel handelt es sich dabei um Universalnadeln für Webware. Solltest du Maschenware (also elastische Stoffe) verarbeiten wollen, brauchst du aber Nadeln mit einer Kugelspitze. Diese erkennst du an der Bezeichnung Jersey, Stretch, HAx1 SP oder SUK.

Welche Nadeln benötige ich?

Schau dir folgendes Schema an und entscheide dann, welche Nadeln du benötigst. Lies zuerst in deiner Bedienungsanleitung nach, welches Nadelsystem deine Maschine erfordert. Dann entscheidest du dich für die Nadelart, je nachdem, welchen Stoff du verarbeiten möchtest, ob Webware oder Maschenware. Danach legst du die Nadelstärke fest. Die Nadelstärke hängt von dem Garn ab, das du verwendest, sowie von der Dicke des Stoffes. Normalerweise verwendest du Stärke 80, bei dickeren Stofflagen wie Sweat mit Bündchen Stärke 90. Zum Versäubern sehr dünner Webware kannst du auch Nadeln der Stärke 70 oder 75 nehmen.

Unterschied Nadelsysteme 130/705 und ELx

Das Nadelsystem 130/705 ist das gleiche Nadelsystem, das du auch für deine Nähmaschine verwendest. Diese Nadeln haben eine Rille auf der Vorderseite. Einige Overlocker verlangen nach dem Nadelsystem ELx705. Diese Nadeln haben auf der Rückseite eine zweite Rille und das Nadelöhr ist etwas anders. Diese Nadeln liefern meist ein besseres Stichbild, können aber nicht in jeder Maschine verwendet werden.

Details zum Nadeltausch findest du ab Seite 43.

Interview mit SCHMETZ

Wer ist SCHMETZ?

SCHMETZ ist Hersteller von Qualitätsnadeln für Industrie- und Haushaltsnähmaschinen. In unserem umfangreichen Sortiment findet sich für jede Anwendung die passende Nadel. Deshalb ist die Marke SCHMETZ bei vielen Hobbynäherinnen und -nähern bekannt und beliebt zugleich – die richtige Nadel ist nämlich entscheidend für den Erfolg eines Nähprojekts.

Außerdem gelten bei uns für Haushaltsnähmaschinen-Nadeln die gleich hohen Standards wie für Industrienähmaschinen-Nadeln. So näht man mit SCHMETZ-Nadeln immer mit Industriequalität!

Hier geht's zum **SCHMETZ-Produktsortiment auf Amazon.**
Jetzt Nadeln für Overlockmaschinen und vieles mehr entdecken:

Welche Nadelsysteme gibt es für die Overlockmaschinen?

Obwohl heutzutage in vielen modernen Haushalts-Overlockmaschinen normale Universal-Nadeln eingesetzt werden können, existieren immer noch zahlreiche Maschinenmodelle, die ein spezielles Nadelsystem erfordern. Diese besonderen Nadeln sind auf die spezifischen Anforderungen des jeweiligen Maschinenmodells zugeschnitten und können nicht einfach gegen andere Haushalts- oder Overlock-Nadeln ausgetauscht werden, da sich nur mit den passenden Nadeln problemlos einwandfreie Nähergebnisse erzielen lassen. Wird für eine Maschine ein bestimmtes Nadelsystem benötigt, findet man die Information dazu in der Bedienungsanleitung der jeweiligen Maschine.

Worin unterscheiden sich die verschiedenen Nadelsysteme?

Die Nadeltypen haben teils unterschiedliche Eigenschaften, sie unterscheiden sich z. B. in der Anzahl der Fadenrinnen, der Kolbenabflachung und der Spitzenform. Während die 130/705 H und die HAx1 SP nur eine Fadenrinne aufweisen, haben Nadeln vom Typ ELx705 oberhalb der Hohlkehle eine zweite Fadenrinne. Diese unterstützt die Stichbildung bei Kettenstichen wie Overlock und Coverlock und sorgt dafür, dass nur eine geringe Fadenspannung zur Stichbildung erforderlich ist. Eine weitere Besonderheit der HAx1 SP ist, dass sie durch ihren speziellen Flachkolben näher am Greifer steht, wodurch die Nadelfadenschlinge leichter vom Greifer erfasst werden kann. Dadurch werden Fehlstiche selbst bei hoch elastischen Stoffen verhindert. Die verbreiterte Fadenrinne der HAx1 SP sorgt außerdem zusammen mit dem vergrößerten Öhr für einen reibungsloseren Fadenlauf.

Die Universal-Nadel 130/705 H und die Overlock-Universal-Nadel ELx705 CF haben eine leicht verrundete Nadelspitze, mit der die meisten Materialien schonend und problemlos vernäht werden können. Die Jersey-Nadel 130/705 H SUK, die Super-Stretch-Nadel HAx1 SP und die Overlock-Jersey-Nadel ELx705 SUK CF haben eine mittlere Kugelspitze und sind damit perfekt für Maschenware wie Jersey oder Stretchstoffe geeignet.

Was hat die Nadeldicke mit Stoff und Nähfaden zu tun?

Die Wahl der richtigen Nadeldicke hängt von der Materialdicke des Stoffs und der Feinheit des Nähfadens ab. Es ist ratsam, die passende Nadeldicke für das jeweilige Projekt und die verwendeten Materialien auszuwählen, um optimale Nähergebnisse zu erzielen: Dicke Stoffe erfordern in der Regel dickere Nadeln, die problemlos durch das Material gelangen, ohne dabei zu brechen.

Feine Stoffe wie Seide oder Chiffon benötigen dünnere Nadeln, die keine sichtbaren Löcher hinterlassen und das Material nicht beschädigen.

Auch der Nähfaden hat Einfluss auf die Wahl der Nadeldicke: Je dicker der Nähfaden, umso größer sollte auch die Nadeldicke gewählt werden. Dickere Nadeln haben entsprechend größere Öhre und breitere Fadenrinnen, so entsteht weniger Reibung zwischen Nadel und Faden, und der Nähfaden reißt nicht.

Was passiert, wenn ich die falschen Nadeln benutze?

Verwendet man ungeeignete Nadeln, können unsaubere Nähte entstehen, Stiche ausgelassen werden oder die Nadeln brechen. Im schlimmsten Fall kann sogar die Maschine beschädigt werden. Aus diesem Grund ist es entscheidend, ausschließlich die vom Hersteller der Overlock-Maschine empfohlenen Nadelsysteme zu verwenden – und bei der weiteren Nadelauswahl Material und Nähfaden zu berücksichtigen. So lassen sich nicht nur optimale Nähergebnisse erzielen, sondern auch potenzielle Schäden an der Maschine vermeiden.

Wie häufig sollte man die Nadeln in der Overlock wechseln?

Das regelmäßige Wechseln der Nadeln ist entscheidend für ein gutes Nähergebnis und die Langlebigkeit der Maschine. Ein Zeitraum von etwa 6 bis 8 Nähstunden ist eine gute Richtlinie. Für Maschinen, die nur gelegentlich genutzt werden, kann es helfen, sich den Nadelwechsel nach jedem zweiten Projekt zu merken. Sobald das Nahtbild unsauber wird oder Fehlstiche auftreten, ist es definitiv Zeit für einen Nadelwechsel. Auf diese Weise wird nicht nur die Nahtqualität erhalten, sondern auch die Maschine vor unnötigen Belastungen geschützt.

Warum ist es so wichtig, dass man die Nadeln regelmäßig wechselt?

Mit der Zeit nutzen sich Nadeln ab und können stumpf werden. Abgenutzte Nadeln können zu unsauberen Nähten, Fehlstichen oder sogar Beschädigungen des Stoffes führen. Ein regelmäßiger Nadelwechsel sorgt für saubere und präzise Nähte. Abgenutzte Nadeln können zudem die Maschine belasten oder sogar

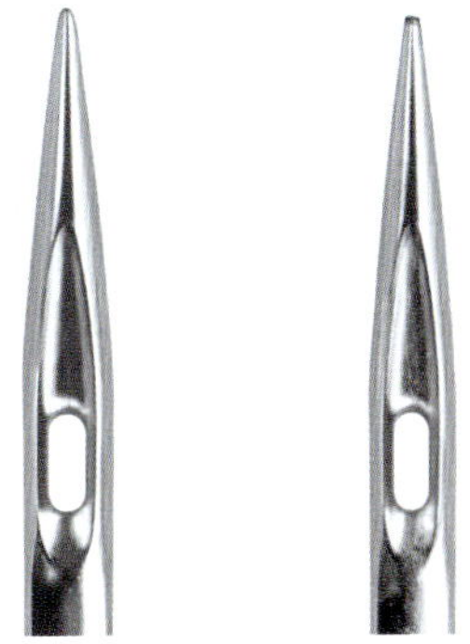

Links unbenutzte Jersey-Nadel, rechts abgenutzte Jersey-Nadel

beschädigen. Ein rechtzeitiger Nadelwechsel hilft, unnötige Beanspruchung und Verschleiß an anderen Maschinenteilen zu vermeiden. Das regelmäßige Wechseln der Nadeln ist also sowohl für die Qualität der Näharbeit und den Schutz des zu verarbeitenden Materials entscheidend als auch für die Langlebigkeit der Maschine.

Sollte man bei Nadelbruch beide Nadeln wechseln?

Auch wenn nur eine der verwendeten Nadeln bricht, ist es wichtig, immer beide Nadeln durch neue zu ersetzen. Nur so kann man sichergehen, dass man optimale Nähergebnisse erhält und die Maschine reibungslos funktioniert. Denn auch die andere Nadel kann von der Belastung betroffen sein und ist möglicherweise beschädigt oder leicht abgenutzt. Verwendet man eine neue Nadel und eine abgenutzte Nadel gemeinsam, kann es zu ungleichmäßigen Stichen oder Problemen bei der Materialdurchdringung kommen. Durch den Austausch beider Nadeln wird eine gleichmäßige Leistung und Nahtqualität gewährleistet.

Die heutzutage gängigsten Nadelsysteme für Overlock-Maschinen sind:

- Universal-Nadel 130/705 H
- Jersey-Nadel 130/705 H SUK
- Super-Stretch-Nadel HAx1 SP
- Overlock-Nadel ELx705 CF und ELx705 SUK CF

Garne für die Overlock

Du kannst in der Overlock vielfältigste Garne verwenden. Durch den Einsatz von Spezialgarnen wie Bausch- oder Metallicgarn in den Greifern kannst du wunderschöne Effekte erzielen. Folgende Garne kommen für die Overlock infrage:

① **Universal-Overlockgarn**

② **Bauschgarn**

③ **Wolly Nylon**

④ **Metallicgarn**

⑤ **Dekogarn**

⑥ **Verlaufsgarn**

Ausführliche Details zum Thema Garne findest du ab Seite 109.

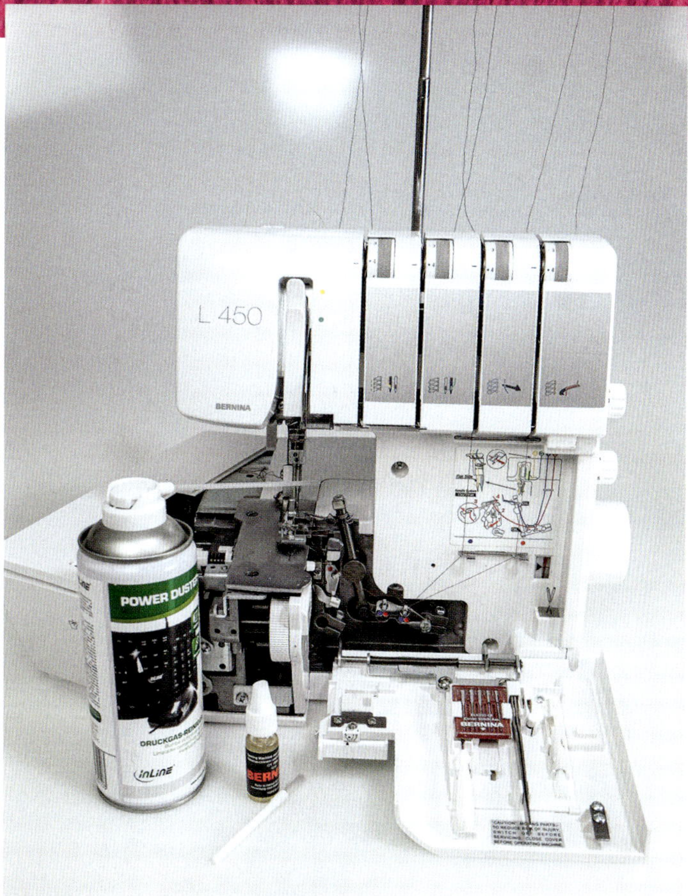

Reinigung und Wartung

Bei einer Overlock ist die regelmäßige Reinigung noch wichtiger als bei einer Nähmaschine. Durch das ständige Schneiden von Stoff sammeln sich sehr viele Fusseln an und in deiner Maschine an. Gelangen diese dann z. B. zwischen die Spannungsscheiben, kann ein unsauberes Stichbild entstehen.

Ich empfehle dir also, deine Overlock nach jedem Nähprojekt gründlich zu reinigen. Entferne zuerst alle Fusseln mit dem Flusenpinsel. Öffne dazu auch die Stichplatte und wenn möglich die linke Seite deiner Overlock. Mache alles gründlich sauber. Alternativ kannst du deine Overlock auch mit Druckluft auspusten oder mit dem Staubsauger und einem dünnen Aufsatz aussaugen.

Darüber hinaus ist es wichtig, dass du deine Overlock regelmäßig ölst. So bleibt sie leichtgängig und wird nicht lauter. Das Ölen sollte etwa alle 8 bis 10 Arbeitsstunden erfolgen. Wo genau du deine Maschine ölst, erfährst du in deiner Bedienungsanleitung. Normalerweise wird an den Stellen geölt, die auf dem Bild markiert sind. Verwende ausschließlich spezielles Öl für Nähmaschinen.

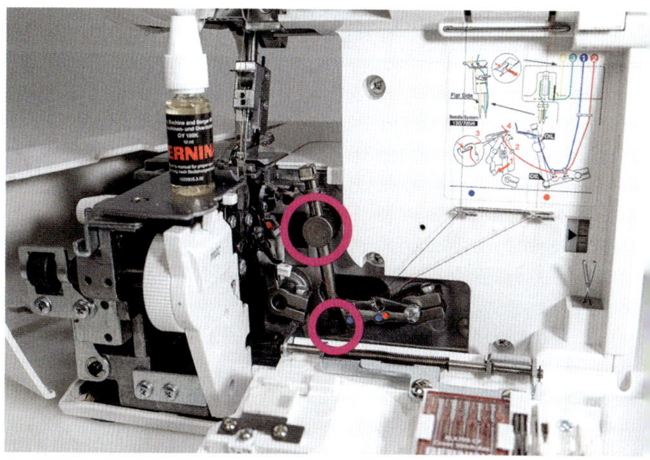

2. NÄHEN – DIE ERSTEN SCHRITTE

- Einfädeln
- Einen Faden wechseln
- Nadeln tauschen
- Nähfüßchen tauschen
- Messer tauschen
- Funktionsweise Differentialtransport
- Nähfußdruck
- Fadenspannung
- Stichlänge
- Stichbreite
- Messerposition
- Stoff stecken

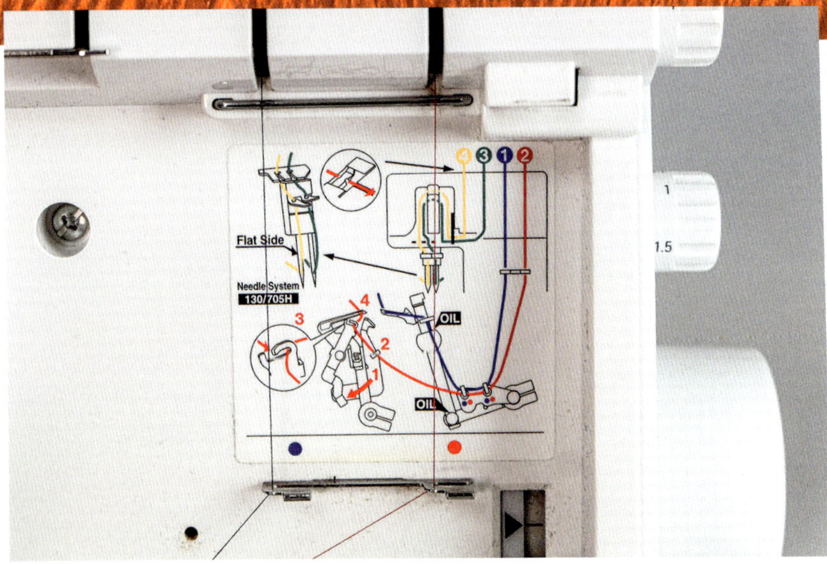

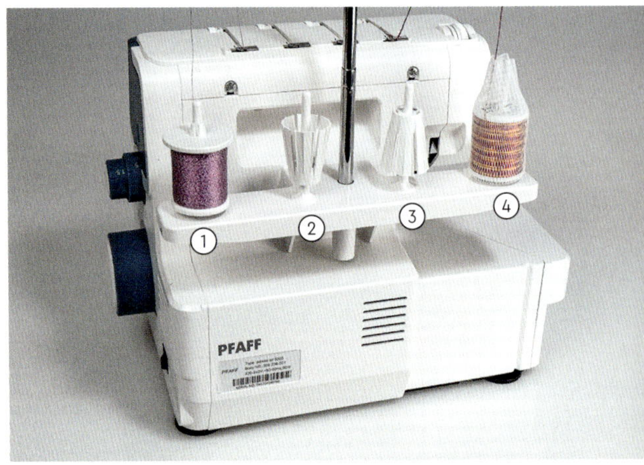

Einfädeln

Das Einfädeln stellt für viele eine kleine Hürde dar. Dabei ist es ganz einfach, wenn du ein paar Regeln beachtest. Nimm dir am besten für die ersten Einfädelversuche ausreichend Zeit und Ruhe.

Du hast sicherlich schon gesehen, dass die Einfädelwege auf deiner Overlock farblich markiert sind. Bei den meisten Overlockmodellen befindet sich außerdem ein Einfädelschema hinter der Abdeckung auf dem Gehäuse aufgedruckt. Auf den Bildern siehst du, dass es von Modell zu Modell leichte Unterschiede gibt.

Ich empfehle dir, für deine ersten Schritte mit der Overlock Garne in der Farbe der Einfädelwege zu verwenden. Dies hilft dir anfangs sehr beim Einfädeln und später auch beim Einstellen der Overlock. Hast du dich dann mit deiner Maschine vertraut gemacht, kannst du natürlich auf gleichfarbige Garne wechseln. Zum Lernen empfehle ich dir jedoch ausdrücklich farblich verschiedene Garne, z. B. SERACOR von Mettler.

Vorbereitung

1. Schau zuerst in deine Bedienungsanleitung und auf das Einfädelschema.
2. Schalte deine Maschine aus, bevor du mit dem Einfädeln beginnst.
3. Ziehe den Fadenbaum mit der Teleskopstange vollständig aus.
4. Stell das Nähfüßchen nach oben.
5. Stelle die Spannungen auf eine neutrale Position, in der Regel ist das 4. **Achtung:** Bei Singer-Maschinen muss die Spannung meist auf die Position 0 gestellt werden!

Aufsetzen der Garnrollen

Setze zuerst die Spulen auf. Wichtig ist, dass die Spulen fest stehen, nicht klappern und das Garn sauber abläuft, ohne sich irgendwo zu verknoten.

Es gibt folgende Möglichkeiten, deine Garne aufzusetzen:

① Für kleine, gerade Spulen nutzt man den Garnstopper, um zu verhindern, dass diese beim Nähen nach oben springen und so Fehlstiche erzeugen.

② So sieht eine umgedrehte Garnrollenhalterung aus. Nutze diese Variante bei großen Konen, damit sie nicht wackeln beim Nähen.

③ Das ist die normale Position der Garnrollenhalterung. Darauf werden dann die Konen gesetzt. Sollte deine Kone in dieser Position klappern, drehe die Garnrollenhalterung um.

④ Solche Netze nutzt man für schwere Garne, die beim Nähen von den Konen nach unten fallen, nicht sauber ablaufen und sich dann verknoten können.

Einfädelreihenfolge

Damit die Garne beim Nähen richtig verschlingen, muss man sie in der richtigen Reihenfolge einfädeln. Das ist essenziell wichtig. Normalerweise wird wie folgt eingefädelt:

1. Obergreifer
2. Untergreifer
3. rechte Nadel
4. linke Nadel

Solltest du eine Kombimaschine aus Overlock und Coverstitch haben, ist dies hier die richtige Reihenfolge:

1. Obergreifer
2. Untergreifer
3. Kettgreifer
4. rechte Nadel
5. mittlere Nadel
6. linke Nadel

Für Details schaue bitte in die Bedienungsanleitung deiner Kombimaschine.

Einfädeln des Obergreifers

1. Drehe das Handrad so lange zu dir, bis der Obergreifer in einer oberen Position ist und sich nicht vor den Nadeln befindet.
2. Führe das Garn durch den Fadenbaum und anschließend in die Vorspannung.

3. Führe das Garn durch die Spannungsscheiben. Achte dabei darauf, dass der Faden auch sicher zwischen den Spannungsscheiben liegt. Das ist in der Regel nur möglich, wenn der Nähfuß oben ist.
4. Folge dem farblich markierten Weg für den Obergreifer (auf dem Bild blau). Benutze dabei auch die Pinzette.

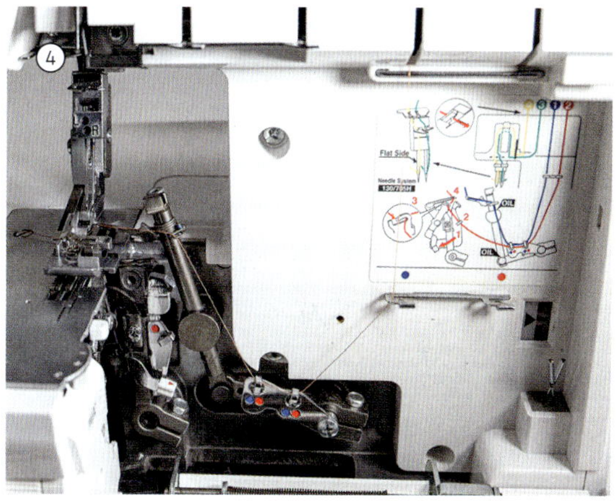

5. Führe das Garn durch das Öhr des Obergreifer, und lege den Faden nach hinten.

MERKE!

Bei Maschinen mit Lufteinfädelung ist die Reihenfolge beim Einfädeln egal.

Einfädeln des Untergreifers

Das ist der schwierigste Teil beim Einfädeln – aber mit etwas Übung geht auch das bald im Schlaf. Achte darauf, dass der Faden vom Untergreifer nach dem Einfädeln oberhalb des Obergreifers liegt. Sonst kann es passieren, dass der Faden reißt. Sehr viele Overlockmodelle haben mittlerweile eine Einfädelhilfe für den Untergreifer. Darauf solltest du beim Kauf achten. Gehe beim Einfädeln des Untergreifers wie folgt vor:

1. Drehe das Handrad so weit zu dir, bis der Untergreifer möglichst weit rechts steht.
2. Führe das Garn – wie für den Obergreifer – über den Fadenbaum, durch die Vorspannung und die Spannungsscheiben. Achte wieder darauf, dass der Faden sicher zwischen den Spannungsscheiben liegt.
3. Folge dem Einfädelschema auf deiner Maschine bis zur Einfädelhilfe für den Untergreifer. Nutze dafür die Pinzette.
4. Löse die Einfädelhilfe aus. Wie diese funktioniert, erfährst du in deiner Bedienungsanleitung. Meist muss ein kleiner Hebel betätigt werden.
5. Führe den Faden durch die Einfädelhilfe und löse diese wieder aus. Nun fädelt die Einfädelhilfe den Faden in den hinteren Teil des Untergreifers.
6. Führe den Faden durch das Öhr des Greifers und achte darauf, dass der Faden nach links hinten läuft.

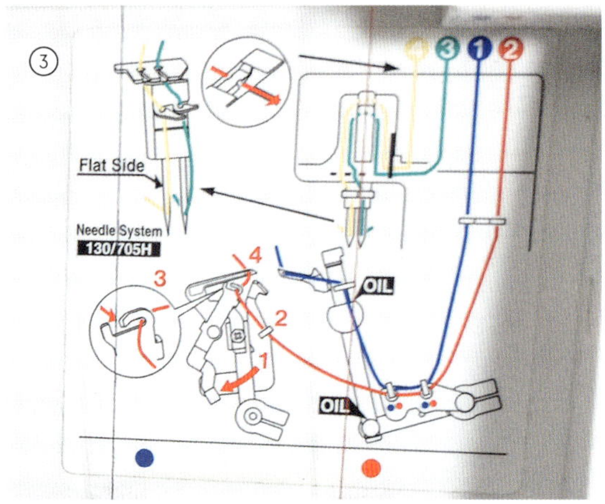

Auf dieser Maschine entspricht der rote Einfädelweg dem Einfädelschema für den Untergreifer.

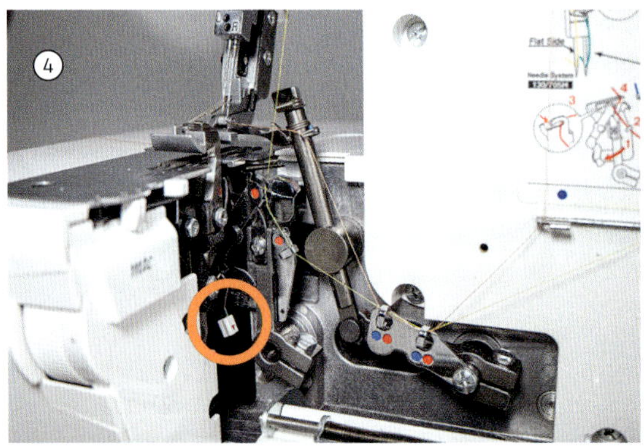

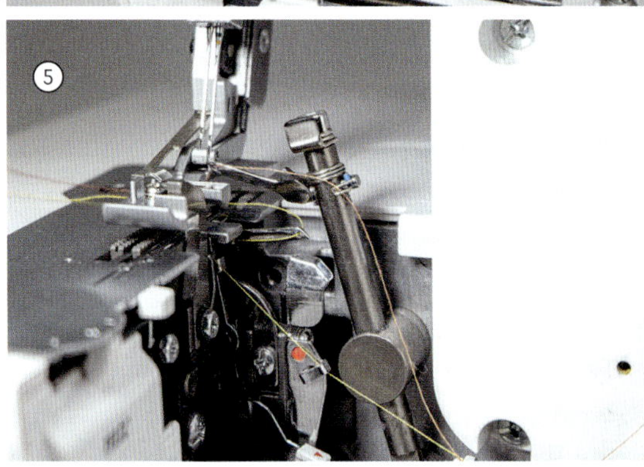

Einfädeln der rechten und der linken Nadel

Das Einfädeln von rechter und linker Nadel ist fast gleich, nur dass am Ende das Garn entweder durch die rechte Nadel oder die linke Nadel geführt wird. Beginne mit der rechten Nadel.

1. Drehe das Handrad so weit zu dir, bis die Nadeln in der höchsten Position stehen.
2. Führe das Garn – genauso wie bei Ober- und Untergreifer – über den Fadenbaum, durch die Vorspannung und die Spannungsscheiben.
3. Folge anschließend auch hier dem Einfädelschema auf deiner Maschine. Es ist sehr ähnlich wie bei einer Nähmaschine. Nutze zum Einfädeln durch das Nadelöhr die Pinzette oder den Nadeleinfädler.

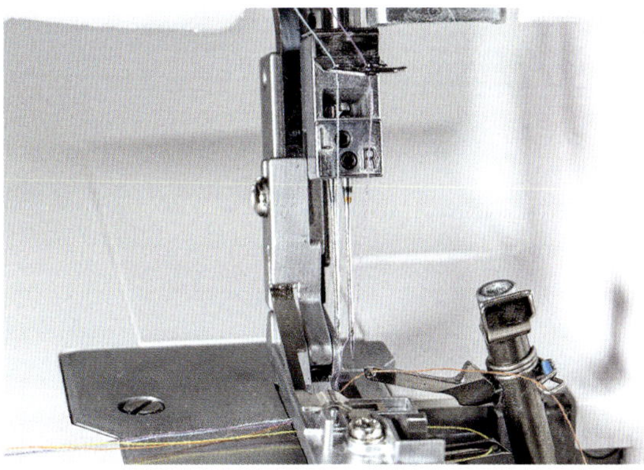

HINWEIS

Besonderheiten bei Overlockern von Singer und bei der Gritzner 788

Bei vielen Overlockmodellen ist es notwendig, beim Einfädeln die Spannungen auf 0 zu stellen, damit der Faden sicher zwischen den Spannungsscheiben liegt, z. B. bei Modellen von Singer.

Bei der Gritzner 788 gibt es einen Fadenspannungslüfter (lies dazu auch die Bedienungsanleitung). Dieser muss beim Einfädeln durch die Spannungsscheiben gedrückt gehalten werden, damit sich die Spannungen richtig lösen und der Faden sicher zwischen den Spannungsscheiben liegt.

Fadenspannungslüfter

EXKURS

Einfädelhilfen

Manueller Nadeleinfädler

Mit diesem Nadeleinfädler kannst du die Nadeln ganz leicht einfädeln. Gehe dabei wie folgt vor:

1. Lege den Faden in den Schlitz des Nadeleinfädlers.
2. Schiebe den Nadeleinfädler mit dem Schlitz auf die Nadel und schiebe den Haken vorsichtig von hinten nach vorn.
3. Ziehe den Faden von hinten aus dem Nadelöhr.

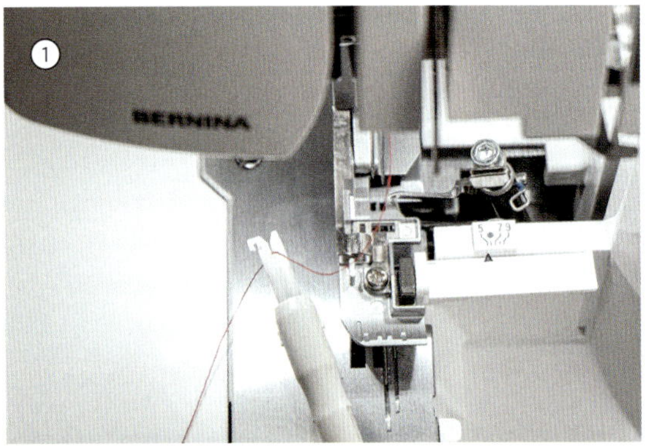

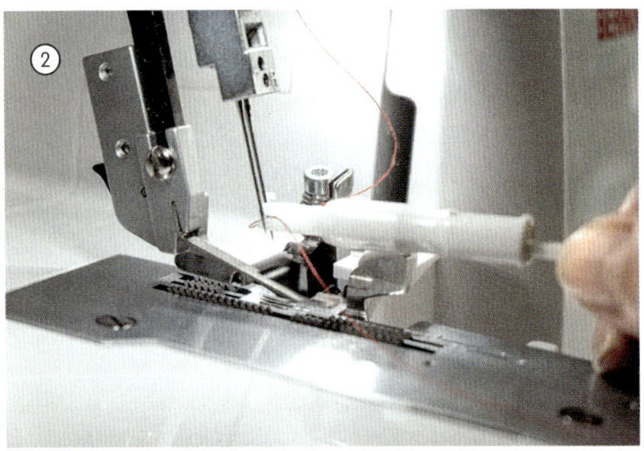

Eingebaute Einfädelhilfe

Einige Overlockmodelle, z. B. von baby lock, Bernina, Juki oder Pfaff, haben einen eingebauten Nadeleinfädler. Wenn du diesen nutzen möchtest, gehe wie folgt vor:

1. Stelle den Einfädler entsprechend auf rechte oder linke Nadel.
2. Drücke den Hebel nach unten. Dabei rastet ein kleines Häkchen in dem Nadelöhr ein. Lege nun den Faden ein und schiebe den Hebel wieder nach oben.

Lufteinfädelung

Nicht nur für die Nadeln, auch für Ober- und Untergreifer gibt es Einfädelhilfen. So haben einige Overlock-Maschinen eine eingebaute Lufteinfädelung. Diese Funktion ist sehr angenehm, vor allem, wenn man Schwierigkeiten hat, alles gut zu erkennen. Dabei wird der Faden nach den Spannungsscheiben in einen Kanal eingeführt und dann automatisch in die Greifer eingeblasen. Schau dir dazu gern das Video an.

EXKURS

Einfädeln von Decorgarnen

Decorgarne (z. B. Bauschgarne oder Decora Nr. 12 und 6) kommen vor allem in den Greifern zum Einsatz. Da sie oft recht bauschig oder dick sind, lassen sie sich häufig nicht so gut mit herkömmlichen Methoden einfädeln. Aber auch dafür gibt es Lösungen.

Vorgehensweise mit Einfädelhilfe

1. Fädle den Draht durch das Öhr des entsprechenden Greifers.
2. Hänge dein Decorgarn in die Schlaufe und halte es vorsichtig fest.
3. Ziehe nun die Einfädelhilfe durch den Greifer.

Vorgehensweise mit Overlockgarn

1. Nimm ein ca. 50 cm langes Stück normales Overlockgarn und bilde eine Schlaufe.
2. Fädle die Enden durch das Öhr des Greifers, sodass sich eine Schlaufe bildet.
3. Hänge nun dein Decorgarn in die Schlaufe ein und zieh es mithilfe der Schlaufe durch das Öhr.

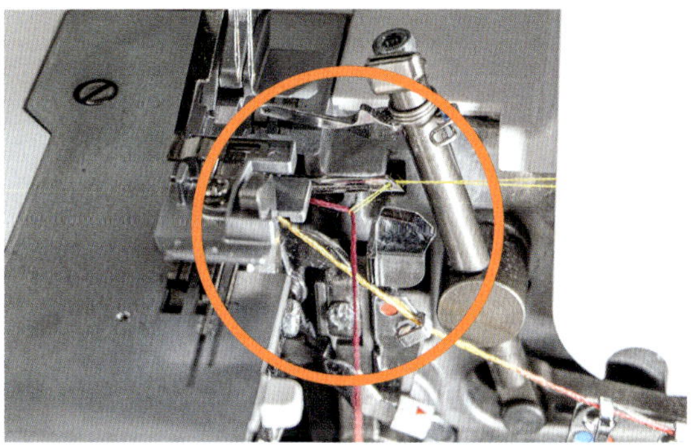

Vorgehensweise mit Lufteinfädelung

Bitte lies als Erstes in deiner Bedienungsanleitung nach, ob es Hinweise zum Einfädeln von Decorgarnen gibt. Einige Maschinen haben einen alternativen Einfädelweg zur Lufteinfädelung, den du dann auch benutzten solltest. Gibt es keinen alternativen Einfädelweg und musst du mit deinem Decorgarn durch die Lufteinfädelung, gehe wie folgt vor:

1. Fädle dein Decorgarn wie gewohnt bis zur Lufteinfädelung ein. Nimm dann einen ca. 1 m langen Faden normales Overlockgarn und führe beide Enden in die Lufteinfädelung ein. Halte die Schlaufe fest und betätige die Lufteinfädlung. Nun sollte das normale Garn in den Greifer eingefädelt sein und eine Schlaufe aus der Lufteinfädelung herausschauen.
2. Hänge dein Decorgarn in die Schlaufe ein, die sich am Beginn der Lufteinfädelung befindet.
3. Ziehe nun mithilfe des normalen Overlockgarns das Decorgarn durch die Lufteinfädlung und den Greifer.

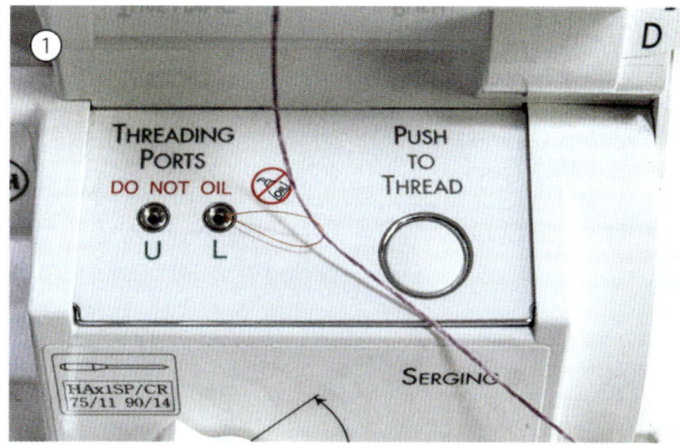

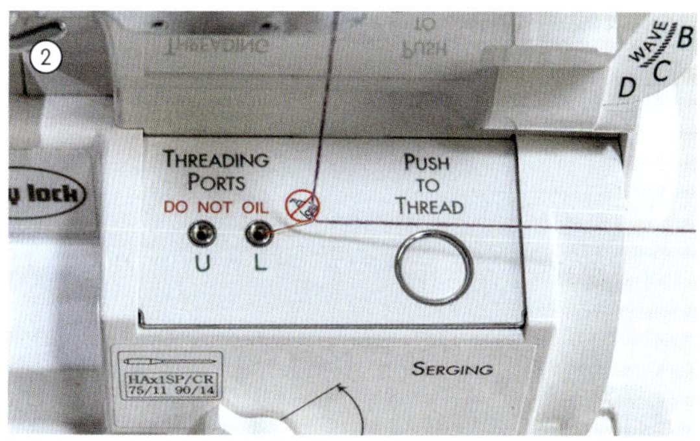

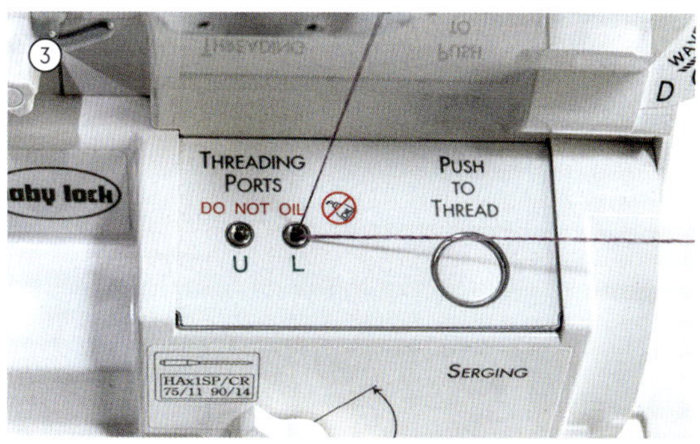

Einen Faden wechseln

Immer wieder wird es vorkommen, dass du einen oder mehrere Fäden wechseln musst. Sei es, weil eine Spule leer ist, sei es weil du die Farbe tauschen möchtest. Es gibt zwei Möglichkeiten, den Faden zu wechseln, und zwar

- indem du den zu tauschenden Faden ganz normal einfädelst oder
- indem du den neuen Faden an den alten anknüpfst.

Gehe dabei wie folgt vor:

Einen Faden vollständig neu einfädeln

1. Hebe den Nähfuß.
2. Löse die Fadenkette. Drehe dafür das Handrad so lange zu dir, bis die Nadeln in der tiefsten Position stehen. Drehe dann das Handrad bis zu zweimal nach hinten und ziehe dabei vorsichtig an der Fadenkette. Die Fadenkette löst sich nun auf und alle Fäden liegen einzeln.
3. Entferne den zu wechselnden Faden vollständig.
4. Fädle den zu wechselnden Faden neu ein. Details dazu findest du ab Seite 36.

Fäden anknüpfen

1. Hebe den Nähfuß.
2. Löse die Fadenkette, wie im Abschnitt vorher beschrieben.
3. Schneide den zu wechselnden Faden direkt an der Garnrolle ab und verknote diesen mit dem neuen Faden.
4. Ziehe diesen nun vorsichtig durch die Maschine. Bei der Vorspannung und den Spannungsscheiben musst du dem Knoten wahrscheinlich vorsichtig helfen durchzurutschen. Dabei ziehst du behutsam unterhalb der Spannungsscheiben an den Fäden.

MERKE!

Das Anknüpfen bietet sich vor allem bei den Greiferfäden an, da die Knoten auch durch das Öhr der Greifer passen. Die Nadelöhre sind zu klein für die Knoten.

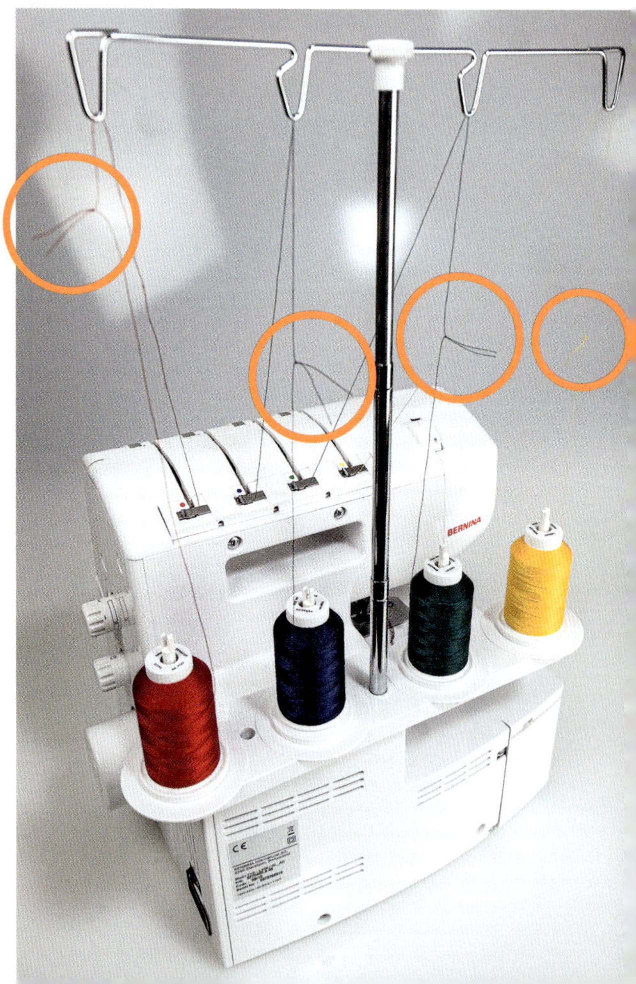

Nadeln tauschen

Beim Nähen mit der Overlock müssen die Nadeln regelmäßig, etwa alle 8 bis 10 Nähstunden, getauscht werden. Denn nur mit perfekten Nadeln erzielst du auch perfekte Nähergebnisse. Die Nadeln dürfen nicht an der Spitze abgebrochen, verbogen oder in einer sonstigen Art und Weise beschädigt sein. Tausche immer beide Nadeln, denn wenn eine Nadel defekt ist, war sie einer Fehlbelastung ausgesetzt, die auch auf die zweite Nadel eingewirkt hat. Oft sind Schäden an den Nadeln nur sehr schwer mit bloßem Auge zu erkennen. Außerdem sind Nadeln zu tauschen, wenn verschiedene Stoffarten verarbeitet werden, da unterschiedliche Stoffe auch unterschiedliche Nadeln erfordern.

Gehe beim Wechseln der Nadeln wie folgt vor:

1. Schalte die Maschine aus und trenne sie vom Stromnetz.
2. Drehe das Handrad so weit zu dir, bis die Nadeln sich in der obersten Position befinden.
3. Lockere die Schraube an der Nadelhalterung mit dem beiliegenden Schraubendreher. Es reicht, wenn die Schraube gelockert wird. Sie muss nicht vollständig entfernt werden.
4. Ziehe nun die Nadeln nach unten heraus.
5. Setze die neuen Nadeln ein. Achte dabei darauf, dass die Nadeln mit der flachen Seite nach hinten eingesetzt werden. Schiebe sie vollständig nach oben und ziehe die Schraube der Nadelhalterung fest. Achte dabei darauf, dass du das Gewinde nicht überdrehst.

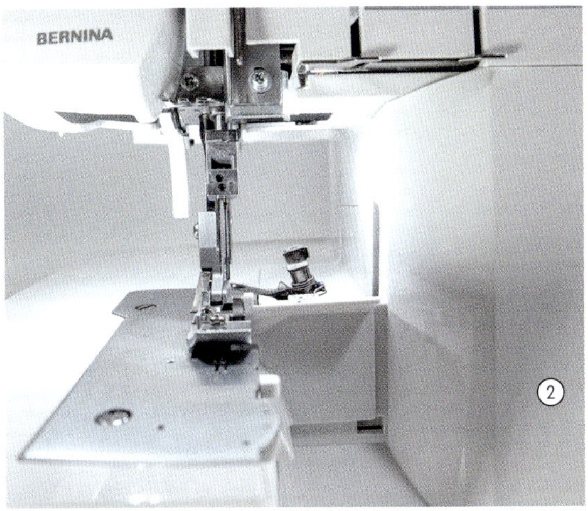

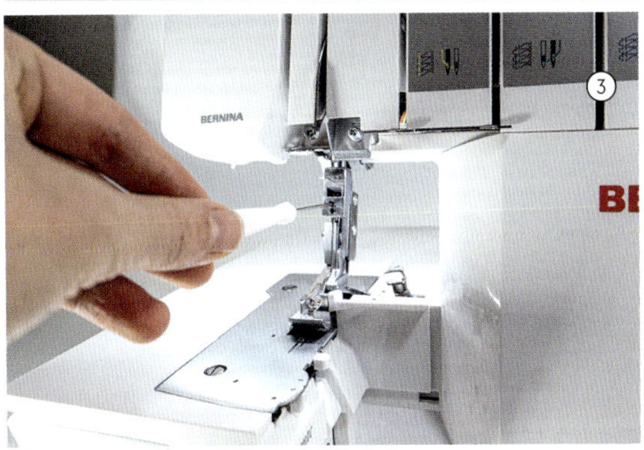

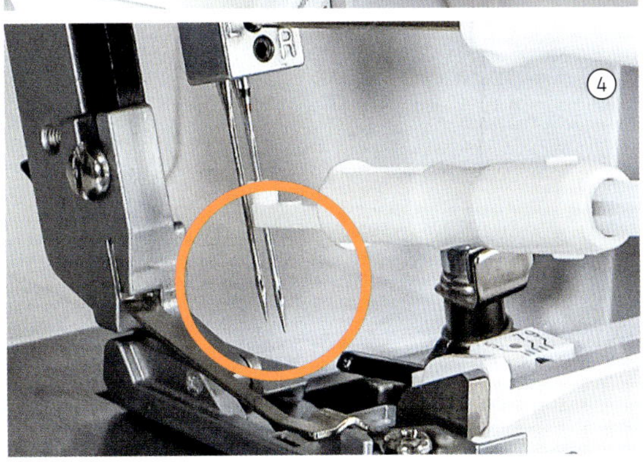

Korrekt eingesetzte Nadeln haben nicht die gleiche Höhe. Die rechte Nadel steht weiter nach unten heraus (wie du auf dem Bild links unter Punkt 4 siehst). Solltest du mit nur einer Nadel arbeiten (es gibt Nähte, für die nur eine Nadel verwendet wird), achte darauf, dass die Schraube auch nach dem Entfernen der Nadel wieder vollständig zugedreht ist. Sonst könnte sie durch das Vibrieren während des Nähens herausfallen.

Nähfüßchen tauschen

Für die Overlock gibt es verschiedene Nähfüßchen, je nachdem, was man nähen möchte. Beim Wechsel der Nähfüßchen gehe wie folgt vor:

1. Drehe das Handrad so weit zu dir, bis die Nadeln sich in der höchsten Position befinden.
2. Hebe den Nähfuß an.
3. Betätige das Auslöseknöpfchen auf der Rückseite des Nähfußes. Der Nähfuß sollte sich nun lösen und nach unten fallen.
4. Setze nun den neuen Nähfuß ein. Positioniere ihn dazu so unter dem Nähfußschaft, dass dieser beim Absenken des Nähfußes einrastet.

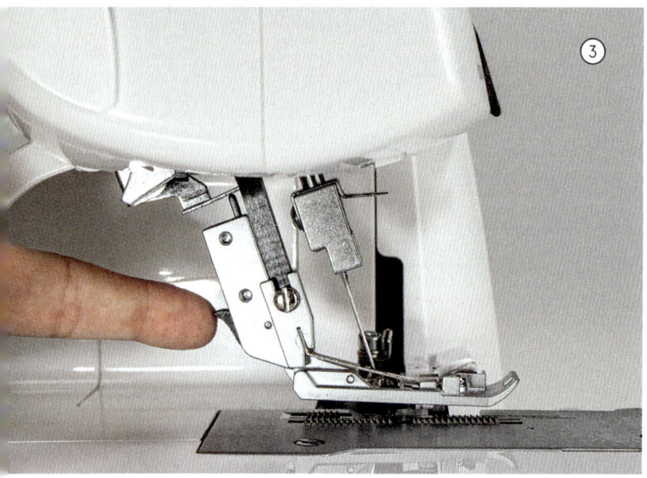

Messer tauschen

Im Laufe des Nähalltages kann es notwendig werden, das Messer zu tauschen. Dass das Messer getauscht werden muss, erkennst du daran, dass es den Stoff nicht mehr sauber schneidet. Messer werden stumpf, wenn du versehentlich über Stecknadeln nähst. Dann bekommt das Messer kleine Beschädigungen an der Schneide.

Die meisten Maschinen werden mit einem Ersatzmesser geliefert. Achte in jedem Fall darauf, dass du immer ein Ersatzmesser vorrätig hast. Meist wird das Obermesser getauscht, da es stärker beansprucht wird. Gehe dabei wie folgt vor und lies dazu auch in der Bedienungsanleitung deiner Maschine nach:

1. Schalte die Maschine aus und trenne sie vom Stromnetz.
2. Drehe das Handrad zu dir, bis das Obermesser sich in der höchsten Position befindet.
3. Lockere nun die Schraube des Obermessers mit dem dazugehörigen Schraubendreher.
4. Entferne das alte Messer.
5. Setze das neue Messer ein.
6. Ziehe die Befestigungsschraube an.
7. Positioniere die Höhe des Obermessers so, dass es 1–1,3 mm unterhalb der Schneidkante des Untermessers liegt.
8. Besorge dir direkt ein neues Ersatzmesser, damit du immer eines auf Vorrat hast. Achte darauf, das richtige Messer zu kaufen, denn die Messer sind maschinenspezifisch.

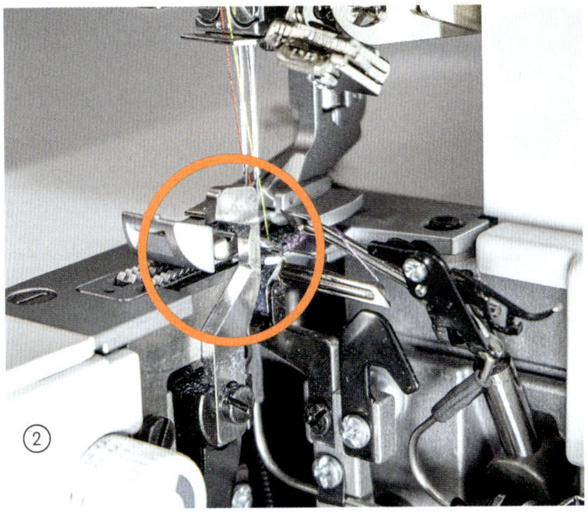

Funktionsweise Differentialtransport

Die meisten Overlocker sind mit einem Differentialtransport ausgestattet. Das bedeutet, dass der Transporteur der Maschine zweigeteilt ist.
Der vordere Teil transportiert den Stoff unter den Nähfuß und der hintere Teil transportiert den Stoff nach hinten unter dem Nähfuß hervor.

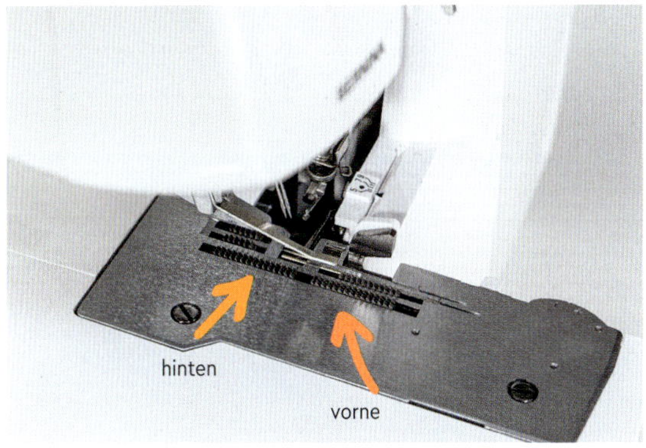

In der Grundeinstellung auf Postion 1 oder N, je nach Hersteller, bewegen sich beide Transporteure gleichmäßig schnell. D. h., es wird genauso viel Stoff unter den Nähfuß transportiert wie nach hinten weg. Die Zahlen auf dem Einstellrad geben das Verhältnis der Geschwindigkeit vom vorderen zum hinteren Transporteur an. Ein Wert von 1,5 bedeutet demnach: Es wird 1,5-mal so viel Stoff unter den Nähfuß transportiert wie nach hinten weg. In dem Fall bewegt sich der vordere Transporteur also schneller und legt einen größeren Weg zurück als der hintere. Diese Einstellungen werden genutzt, um unerwünschtes Überdehnen des Stoffes zu verhindern. Gleichzeitig kann man den Differentialtransport aber auch einsetzen, wenn man bewusst Stoffe einkräuseln oder Rüschen erzeugen möchte.

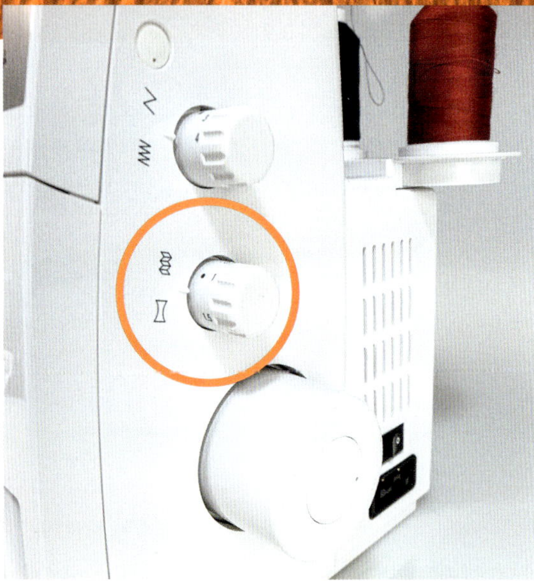

Als Grundregeln solltest du dir merken

- **Postion 1 oder N** entspricht der Standardeinstellung und wird in der Regel für Stoffe verwendet, die nicht elastisch und einfach zu verarbeiten sind.
- **Postion >1 oder N** wird eingesetzt, wenn man ein Überdehnen des Stoffes verhindern möchte, typischerweise bei elastischen Stoffen wie Jersey und French Terry. Je elastischer der Stoff ist, desto höher wird der Wert des Differentials eingestellt.
- **Position <1 oder N** wird gewählt, um ein Einkräuseln besonders leichter Stoffe wie z. B. Organza oder Batist zu verhindern.

Stoffart	Differential Einstellung „1"	richtige Einstellung	Ergebnis
elastische Stoffe		1–2	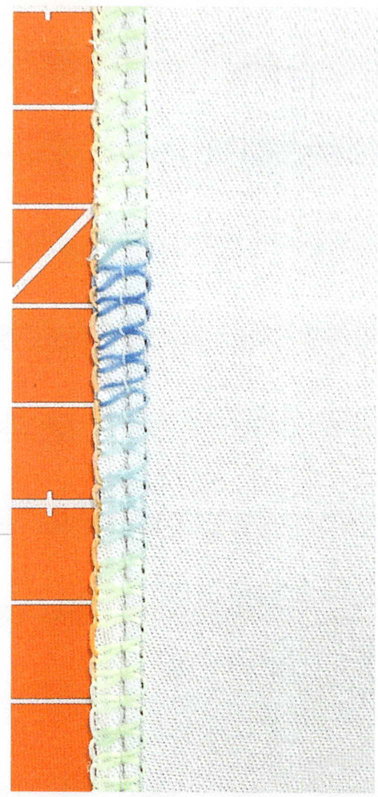
unelastische Stoffe (Webware)	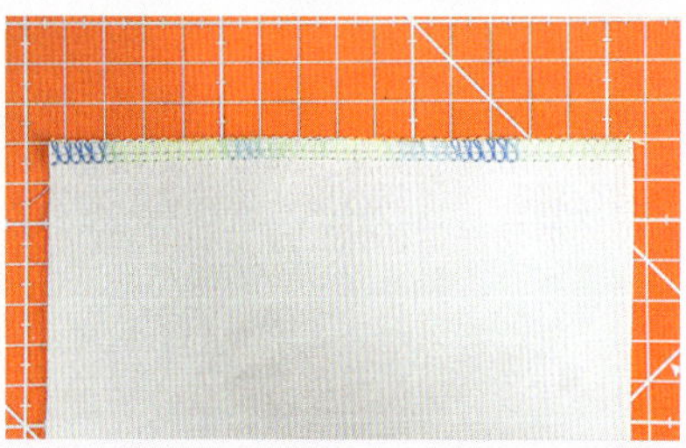	1	
dünne Stoffe (z. B. Chiffon)	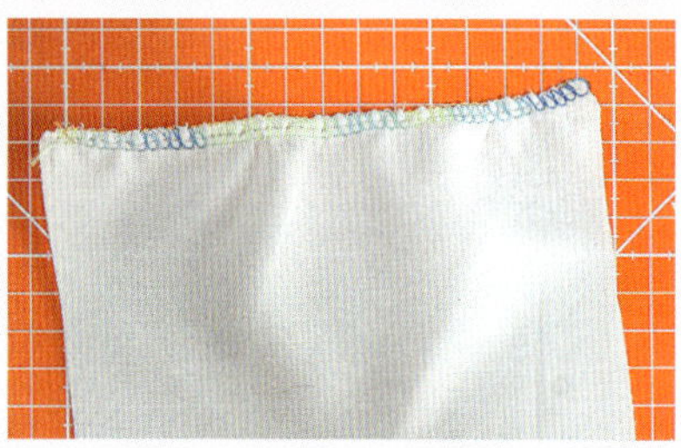	<1 oder <N	

Nähfußdruck

Der Nähfußdruck ist die Kraft, mit der der Nähfuß den Stoff auf den Transporteur drückt. Ist er korrekt eingestellt, wird der Stoff gleichmäßig transportiert und es entsteht eine perfekte Naht. Der Nähfußdruck kann bei den meisten Maschinen eingestellt werden. Dazu befindet sich in der Regel links auf der Oberseite der Maschine ein Einstellrad.

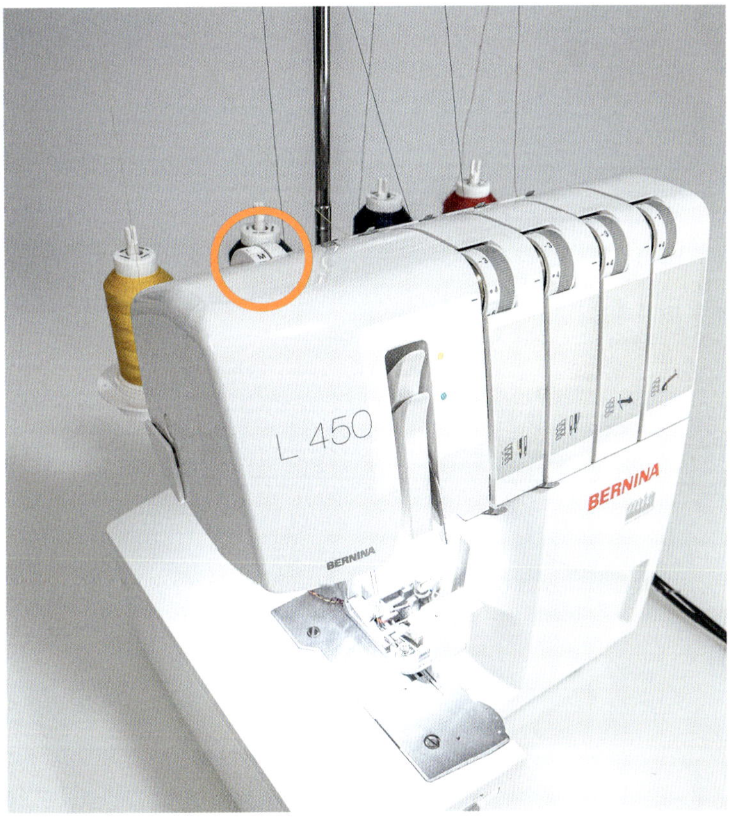

Ein niedriger Wert steht dabei für einen geringen Druck, ein hoher Wert für einen hohen Druck. Ist der Druck zu hoch, kann sich die Naht wellen.

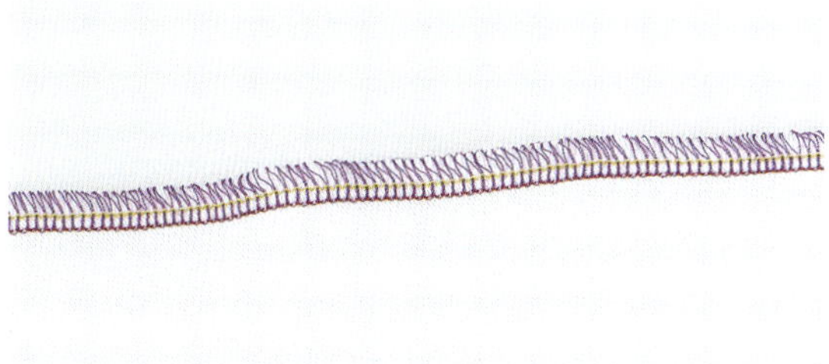

Bei manchen Maschinen gibt es nur ein Einstellrad zum Heraus- und Hineindrehen: je weiter draußen das Rädchen, desto geringer der Nähfußdruck. Sollten sich an diesem Rädchen keine Markierungen befinden, miss die unterschiedlichen Höhen mit einem Handmaß und notiere dir die Einstellungen.

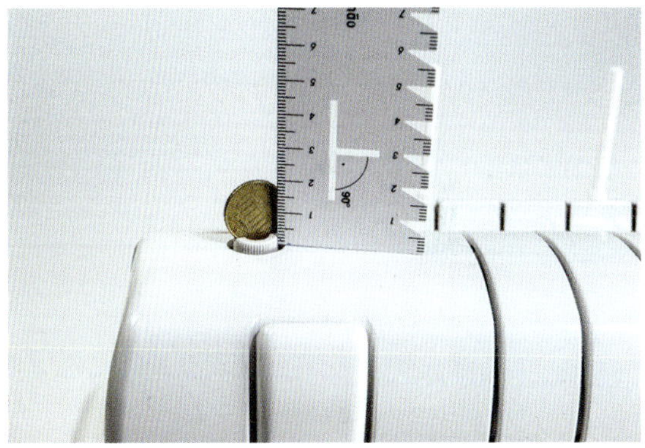

Werkseitig kommt die Maschine in der Regel mit einer mittleren Einstellung, die für fast alle Stoffe gut passt. Es ist der Standardwert für Jersey, Sweat, French Terry und die meiste Webware. Ein Großteil der Stoffe erfordert tatsächlich keine große Anpassung des Nähfußdruckes. Eine Anpassung ist in der Regel nur dann nötig, wenn du besonders dicke oder besonders dünne Stoffe verarbeitest. Dabei gilt:

- bei sehr feinen Stoffen Nähfußdruck zu verringern
- bei sehr dicken Stoffen Nähfußdruck zu erhöhen

Fertige am besten immer eine Probenaht an, bevor du mit dem richtigen Nähstück loslegst.

Fadenspannung

Eine weitere wichtige Einstellung ist die Fadenspannung. Diese wird über die Vorspannung und die Spannungsscheiben geregelt, durch die alle vier Fäden geführt werden. Deren Aufgabe ist es, die Fäden zu spannen und gut festzuhalten. Die Spannung wird durch die Einstellrädchen oder Schieberegler eingestellt. Ein höherer Wert bedeutet dabei eine höhere Spannung, also einen stärkeren Druck der Spannungsscheiben auf den Faden, ein niedrigerer Wert eine geringere Spannung, also weniger Druck. Für eine Standardnaht arbeitest du am besten mit einer mittleren Spannung, die in der Regel auch auf den Einstellrädchen gekennzeichnet ist (auf dem Bild durch die Striche zwischen 2, 3 und 4).

Durch verschiedene Spannungen und unterschiedlich aktivierte Fäden werden die verschiedenen Sticharten bei einer Overlock erzeugt. Dabei wirkt sich das Verändern der Spannung eines Fadens immer auch auf alle anderen Fäden aus.

Häufig erlebe ich, wie versucht wird, eine unschöne Standardnaht über das Verstellen der Fadenspannung zu verbessern. Mit einer mittleren Einstellung laut deinem Handbuch wird die Standardnaht allerdings meist perfekt – und sollte dem nicht so sein, hat das häufig andere Ursachen. Ein perfektes Stichbild ist nämlich ein Zusammenspiel aus Fadenspannung, Stichlänge, Differential und vor allem dem richtigen Einfädeln. Solltest du mit deinem Stichbild bei einer Standardnaht also nicht zufrieden sein, prüfe zuerst, ob alles richtig eingefädelt und eingestellt ist, bevor du die Fadenspannung veränderst. Die optimale Fadenspannung der unterschiedlichen Sticharten wird jeweils im Abschnitt zur Stichart behandelt.

MERKE!

Manche Maschinen wie JUKI MO-3500 sind mit einer automatischen Spannungsregulierung ausgestattet. In diesen Fällen musst du die Spannung nicht selbst einstellen, hast aber auch gar nicht die Möglichkeit dazu.

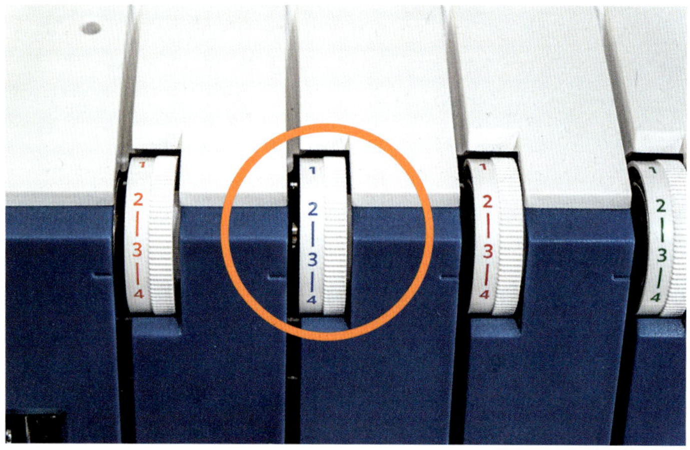

Bei der automatischen Spannungsregulierung wird die Spannung über die automatisierte Fadenzufuhr geregelt. Dies bedeutet, du stellst für verschiedene Nähte keine Spannungen ein, sondern fädelst dafür anders ein. Lies dazu bitte in deiner Bedienungsanleitung nach.

Stichlänge

Die Stichlänge bezeichnet, wie auch bei der Nähmaschine, den Abstand zwischen zwei Stichen. Bei fast allen Overlockern kann die Stichlänge stufenlos eingestellt werden. Das Einstellrad befindet sich meist auf der rechten Seite der Maschine. Eine Ausnahme bilden die Maschinen der Marke baby lock, bei denen das Rad auf der Vorderseite angebracht ist, und die Gritzner 788. Bei dieser ist das Einstellrad auf der linken Seite.

Die Stichlänge wird in der Regel in den Schritten 0,5 – R – 2,5 – 3 – 4 – 4,5 eingestellt. Ein kleiner Wert bedeutet eine kürzere Stichlänge, ein größerer Wert eine größere Stichlänge.

Die Standardstichlänge für mitteldicke Stoffe wie Jersey oder French Terry beträgt 3. Je dicker der Stoff, aber auch je dicker das verwendete Garn, desto höher sollte die Stichlänge eingestellt werden. So kannst du z. B. für Plüsch, dicken Sweat oder Fleece die Stichlänge ruhig bis auf 4 erhöhen. Je dünner der Stoff, desto kürzer die Stichlänge. Eine zu kurze Stichlänge kann den Stoff überdehnen, da die Nadeln auf kurzer Strecke häufig einstechen müssen. Sollte dein Stoff überdehnt sein, so teste auch eine größere Stichlänge aus.

Mit dem Verändern der Stichlänge kannst du auch bewusst bestimmte Effekte erzielen. So kannst du z. B. durch eine sehr große Stichlänge in Kombination mit einer hohen Einstellung des Differentials Stoff kräuseln. Hier gilt: je größer die Stichlänge, desto größer der Kräuseleffekt.

Das R auf dem Einstellrad steht für Rollsaum. Aber auch hier kannst und darfst du natürlich vom Standard abweichen. Mehr dazu findest du im Kapitel zum Thema Rollsaum (siehe Seite 91). Ich empfehle dir immer, eine Saumprobe anzufertigen.

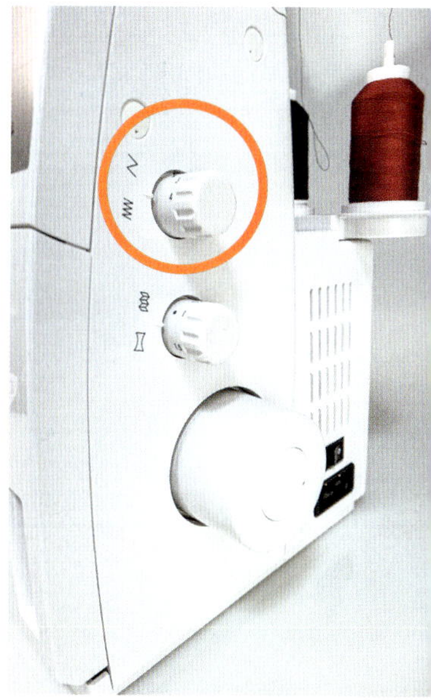

TIPP

Sollte deine Maschine bei Nahtkreuzungen oder dicken Stoffen auf einmal zu enge Stiche machen, stelle kurz vor der schwierigen Stelle die Stichlänge auf maximale Länge und schon ist das Problem behoben. Vergiss nicht, die Stichlänge nach der schwierigen Stelle wieder zurückzudrehen.

ACHTUNG!

Eine kürzere Stichlänge kann eine etwas höhere Fadenspannung benötigen als normal und eine längere Stichlänge erfordert meist eine leichte Lockerung der Fadenspannung. Mache am besten immer Testnähte auf dem Verschnitt deines Stoffes.

Stichbreite

Die Stichbreite ist der Abstand zwischen der Stoffkante und dem äußersten linken Faden. Je nach Stichart variiert sie zwischen ca. 1 mm und 7,5 mm. Die Stichbreite von 1 mm entspricht einem Rollsaum und die von 7,5 mm einer 4-Faden-Standardnaht.

Die Stichbreite wird durch die Messerposition beeinflusst sowie dadurch, ob nur die linke oder nur die rechte Nadel verwendet wird. Mehr dazu findest du auch in den Abschnitten zu den verschiedenen Nähten ab Seite 71. Befindet sich das Messer ganz rechts, ist der Stich am breitesten, ist das Messer auf der Position ganz links, ist die Stichbreite schmal. Wird die linke Nadel verwendet, ist die Stichbreite größer als beim Nähen mit der rechten Nadel.

MERKE!

Die wenigsten Overlock-Maschinen haben eine „echte" Stichbreite, wie es sie bei der Nähmaschine gibt. Einige Hersteller bezeichnen die Messerposition als Stichbreite. Lies dazu bitte auch in deiner Bedienungsanleitung nach. Eine Ausnahme bilden z. B. die Maschinen von baby lock, bei denen konkret eine Stichbreite eingestellt werden kann (siehe oberes Rädchen auf dem Bild).

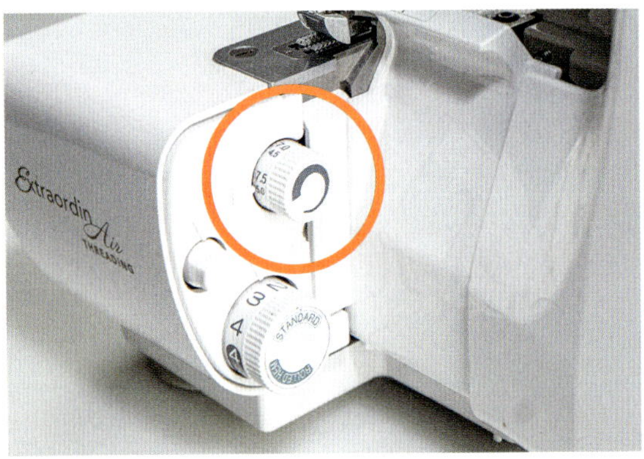

Messerposition

Je nach Hersteller wird die Messerposition auch als Stichbreite oder Schnittbreite bezeichnet. Lass dich dadurch nicht verunsichern und lies im Zweifel in der Bedienungsanleitung deiner Maschine nach.

Bei allen Maschinen kann die Messerposition angepasst werden. Bei vielen Nähprojekten ist eine mittlere Position geeignet, die auf der Maschine auch entsprechend gekennzeichnet ist. Mit dem Einstellrad wird in der Regel die Position des Messers von links nach rechts bewegt.

Ziel der korrekten Messerposition ist es, dass die Kante des Stoffes mit der Naht eine Linie bildet. Steht das Messer weiter links, wird mehr Stoff weggeschnitten und die Stichbreite wird schmaler, als wenn das Messer sich weiter rechts befindet.

· Messer ist richtig eingestellt, die Stoffkante bildet mit der Naht eine Linie – keine Anpassung notwendig.

· Es wird zuviel Stoff weggeschnitten, dadurch entstehen Luftschlaufen – Messer weiter nach rechts stellen.

· Es wird zu wenig Stoff weggeschnitten, dadurch wird der Stoff in der Naht eingequetscht – Messer weiter nach links stellen.

TIPP

Bei dicken Stoffen muss meist mehr Stoff weggeschnitten werden als bei dünnen. Teste auch hier immer vorher die optimale Messerposition an deinem Stoff.

Messer deaktivieren

Das Messer kann auch deaktiviert werden. Für manche Nähtechniken ist das nötig bzw. einfacher. Lies dazu bitte in deiner Bedienungsanleitung nach. Grundsätzlich solltest du das Messer aber aktiviert lassen. In diesem Buch weise ich an gegebener Stelle darauf hin, wenn das Messer deaktiviert werden soll.

Wie du dein Messer deaktivierst, wird dir in der Bedienungsanleitung deiner Maschine erklärt. Bei vielen Maschinen funktioniert es folgendermaßen:

1. Drücke den Knopf nach rechts.
2. Drehe den Knopf so lange nach vorne, bis das Messer in der unteren Position ist.

Stoff stecken

Eine der Herausforderungen beim Nähen mit der Overlock ist, den Stoff so zu stecken, dass du beim Nähen nicht versehentlich über eine Stecknadel nähst. Denn dann wird das Messer beschädigt und schneidet nicht mehr ordentlich.

Steckst du mit Nadeln, verwende Glaskopfstecknadeln mit bunten Köpfen, die du deutlich siehst und entfernen kannst, bevor das Messer auf sie trifft.

Stecke die Nadeln möglichst längs in einem Abstand von 2–3 cm von der Stoffkante. So werden sie beim Nähen links vom Messer entlanggeführt und es kann nichts passieren.

Es gibt auch Clips zum Fixieren von Stoffen. Der Vorteil: Sie sind so groß, dass sie nicht ins Messer geraten können. Der Nachteil: Die Clips sind für leichte Stoffe zu schwer und somit kann nicht mehr präzise gearbeitet werden. Sie eignen sich also eher für dicke Stoffe und Arbeiten mit Bündchen.

3. DIE ERSTE NAHT

- Die perfekte Naht
- Grundlagen
- Fadenspannung
- Messerposition
- Differential
- Nahtzugaben
- Den Stoff richtig anlegen
- Anfang und Ende der Naht
- Nahtenden sichern
- Naht auftrennen
- Kurven
- Innen- und Außenecken
- Nahtkreuzungen

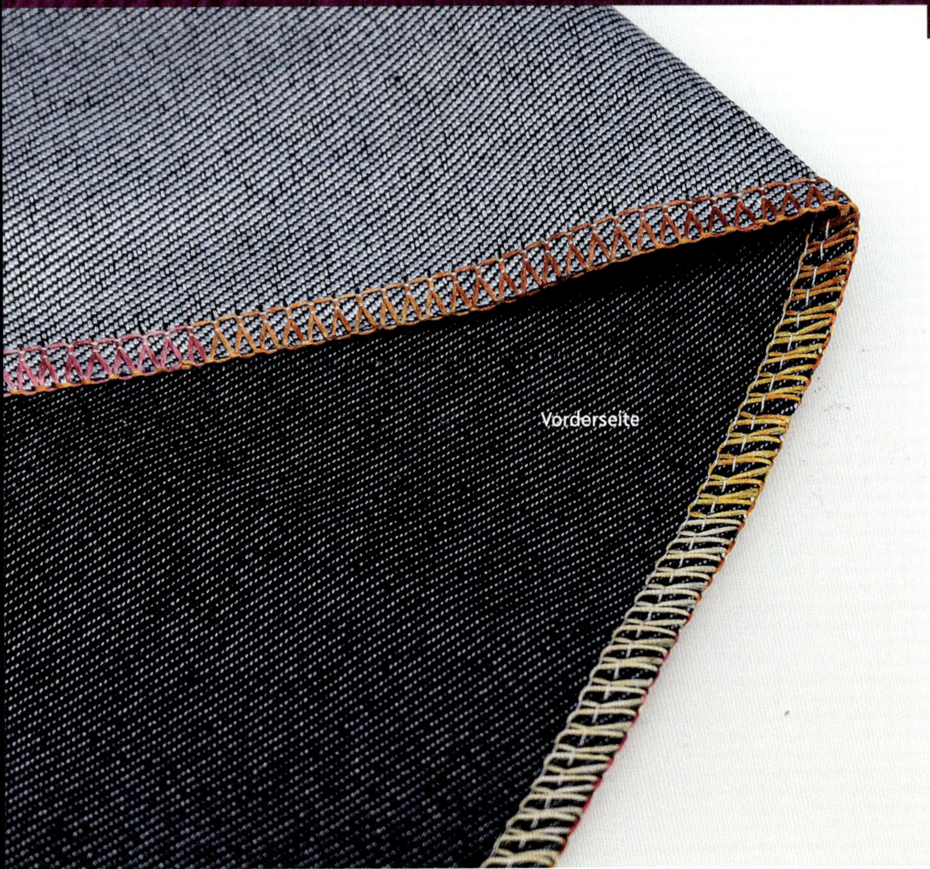

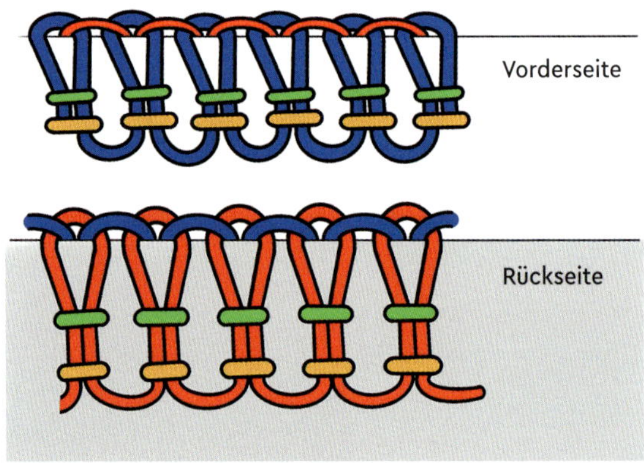

untere gerade Naht = linke Nadel (gelb)
obere gerade Naht = rechte Nadel (grün)
Naht auf Vorderseite = Obergreifer (blau)
Naht auf Rückseite = Untergreifer (rot)

Die perfekte Naht

Bei einer perfekten Naht liegen alle Fäden exakt an und auf dem Stoff. Die Fäden des Obergreifers und des Untergreifers verschlingen direkt auf der Kante. Dabei werden weder Luftschlaufen gebildet noch wird der Stoff zusammengedrückt. Von der rechten Seite ist der Nadelfaden kaum zu sehen und die Naht ist schön elastisch. Außerdem ist der Stoff nicht überdehnt oder gekräuselt.

Grundlagen

... am Beispiel der 4-Faden-Overlocknaht bzw. Standardnaht: Wie schon im Abschnitt über das Einfädeln (Seite 36) gezeigt, werden in allen Erklärungen zu den Stichen folgende Farben für die einzelnen Fäden verwendet:

- linke Nadel – gelb
- rechte Nadel – grün
- Obergreifer – blau
- Untergreifer – rot

Auf dem Bild siehst du eine Standardnaht mit der Overlock. Diese wird aus zwei Nadeln sowie dem Ober- und Untergreifer gebildet. Grundsätzlich stehen dabei die Einstellungen deiner Maschine auf mittleren Normalpositionen. Für eine perfekte Naht sollten sowohl der Faden des Obergreifers als auch der des Untergreifers ohne Luftschlaufen direkt auf der Stoffkante verschlingen, ohne dass dabei der Stoff gequetscht, gekräuselt oder überdehnt wird. Mehr zu möglichen Fehlern findest du im Teil Troubleshooting ab Seite 143.

Fadenspannung

Wird mit normalem Overlockgarn genäht, sollten sich die Fadenspannungen bei der Verwendung eines normalen Overlockgarns, z. B. SERACOR von Mettler, in der Normalposition befinden. Diese liegt bei einem Wert zwischen 3 und 5 und ist in der Regel auch entsprechend auf dem Einstellrädchen gekennzeichnet (hier auf dem Bild durch einen Punkt). Ober- und Untergreifer verschlingen direkt auf der Stoffkante und der Stoff wird nicht gekräuselt. Anpassungen sind hier meist gar nicht oder nur minimal nötig.

Messerposition

Bei mittelschweren Stoffen sollte die Messerposition in einer mittleren neutralen Position laut Anleitung stehen. Bei dicken Stoffen kann es nötig sein, die Messerposition nach links zu verschieben, bei dünnen Stoffen nach rechts. Es sollten sich keine Luftschlaufen bilden und der Stoff soll nicht gequetscht werden. Auf Seite 50 findest du mehr Details zur Messerposition.

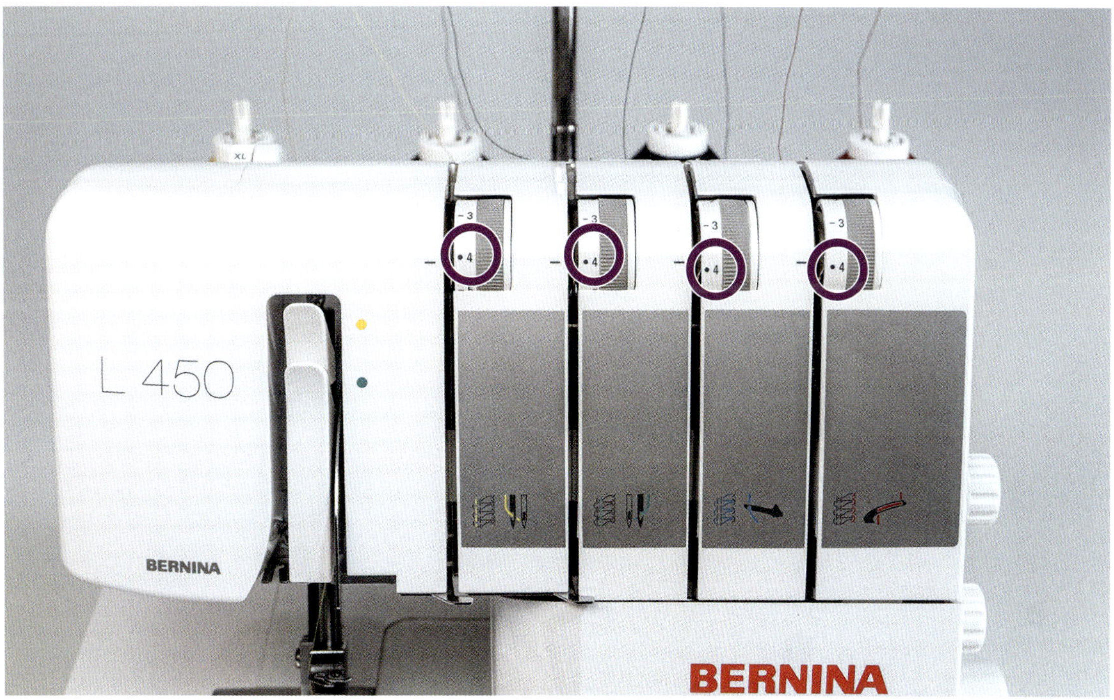

Differential

Der Differentialtransport besteht aus zwei getrennten Transporteuren, die in ihrer Geschwindigkeit verschieden eingestellt werden können. Bei einer Einstellung auf 1 oder N bewegen sich der vordere und hintere Transporteur gleich schnell. Eine Einstellung >1 bedeutet, dass sich der vordere Transporteur schneller bewegt als der hintere. Es wird also mehr Stoff nachgeführt als wegtransportiert. Dadurch wird beim Stoff ein Dehnen vermieden. Tendiert dein Stoff hingegen zum Kräuseln, muss das Differential verringert werden, damit der Stoff geglättet wird.

Um Kräuseln oder Überdehnen des Stoffes zu vermeiden, stelle das Differential wie folgt ein:

- **Wert 1 oder N:** für mittelschwere bis schwere Webware
- **Wert <1:** für sehr dünne Webware, die zum Kräuseln neigt
- **Wert >1:** für elastische Stoffe

Nahtzugaben

Ich empfehle dir, bei der Overlock grundsätzlich mit einer Nahtzugabe von 1 cm zu arbeiten. Die 4-Faden-Overlocknaht hat meist eine Breite von ca. 0,75 cm (wie eine normale Nahtzugabe bei der Nähmaschine, also Füßchenbreite). Damit du etwas Spiel hast, um die Nahtzugabe optimal zurückzuschneiden, ist ein wenig mehr Stoff notwendig, daher sind 1 cm perfekt.

ACHTUNG!

Nicht alle Schnittmuster weisen dieselben Nahtzugaben auf! Es gibt Schnittmuster, in denen gar keine Nahtzugabe enthalten ist, welche mit 0,75 cm oder solche mit 1 cm. Schau dir daher dein Schnittmuster zuerst genau an und schneide erst dann den Stoff entsprechend zu.

Den Stoff richtig anlegen

Damit du die Nahtzugabe korrekt einhalten kannst und ein schönes Ergebnis erzielst, ist es wichtig, den Stoff richtig an der Maschine anzulegen. Einige Maschinen haben dafür eine 1-cm-Markierung, bei anderen musst du die passende Breite selbst ausmessen. Dabei wird immer von dem Faden gemessen, der sich am weitesten links befindet. Bei der 4-Faden-Overlocknaht ist das der linke Nadelfaden.

Wenn du dir zu Beginn noch unsicher bist, kannst du die Nahtlinie auch mit Schneiderkreide oder einem anderen Markierwerkzeug einzeichnen und sie dann exakt entlang der Markierung für die linke Nadel auf dem Nähfuß führen. Eine weitere Möglichkeit ist, die Nahtlinie zuvor von Hand oder mit der Nähmaschine zu heften.

Für viele Maschinen gibt es auch eine Saumführung, an der du den Stoff perfekt entlangführen kannst.

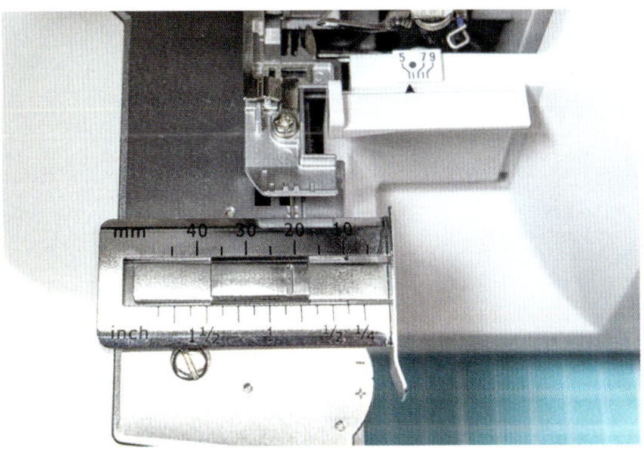

ACHTUNG!

Der Stoff, der einmal abgeschnitten ist, ist weg! Solltest du dir unsicher sein, ob dir der Schnitt auch passt, nähe die Naht zuvor mit der Nähmaschine mit einem langen Stich und prüfe die Passform, bevor du mit der Overlock nähst und womöglich zu viel Stoff abschneidest.

Anfang und Ende der Naht

Gerade Naht

1. Der Nahtanfang bei einer Overlocknaht ist ganz einfach gemacht. Stelle zuerst sicher, dass du bereits eine leere Fadenkette von ca. 15 cm gebildet hast.

2. Bringe das Messer in die höchste Position, indem du das Handrad zu dir drehst.

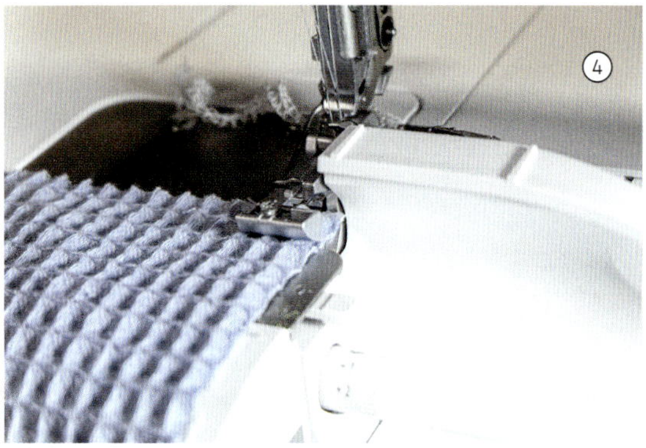

3. Hebe nun den Nähfuß vorne vorsichtig an oder hebe ihn mit dem Kniehebel, wenn deine Maschine über einen verfügt.
4. Positioniere deinen Stoff am hinteren Ende des Messers. Achte dabei auf die Nahtzugabe und darauf, dass der Stoff richtig angelegt ist.
5. Senke den Nähfuß und beginne zu nähen. Nähe ca. 15 cm über das Ende des Stoffes hinaus, sodass sich wieder eine leere Fadenkette bildet. Schneide diese ab.

Geschlossener Kreis

Manchmal musst du eine Naht in einem geschlossenen Kreis machen, z. B. wenn du ein Bündchen annähst.

1. Stelle auch hier sicher, dass du bereits eine Fadenkette gebildet hast.

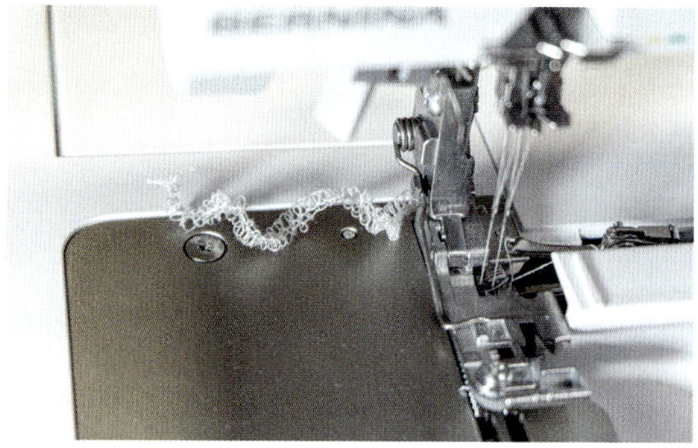

2. Bringe das Messer in die höchste Position, indem du das Handrad zu dir drehst.

3. Hebe nun den Nähfuß vorne vorsichtig an oder hebe ihn mit dem Kniehebel, wenn deine Maschine über einen verfügt.

4. Positioniere den Stoff schräg unter dem Messer. Senke den Nähfuß und beginne zu nähen. Drehe dabei den Stoff möglichst schnell in eine gerade Position, sodass du wie bei einer geraden Strecke nähst. Nähe bis zum Beginn des Nahtanfangs.
5. Nun gibt es verschiedene Möglichkeiten, die Naht zu beenden. Alle Varianten brauchen etwas Übung.

Variante 1

Nähe bis zum Nahtbeginn und gehe dann wie folgt vor:

1. Deaktiviere das Messer.
2. Nähe ca. 2 cm über den Nahtbeginn.
3. Lass die Nadel im Stoff stecken, hebe den Nähfuß und drehe den Stoff um 90 Grad nach links. Senke den Nähfuß wieder.
4. Nähe nun eine Fadenkette, die direkt ins Leere geht.

Variante 2

1. Lass das Messer aktiviert.
2. Nähe ca. 2 cm über den Nahtbeginn, achte dabei darauf, dass du die bereits genähte Naht nicht verletzt.
3. Drehe nun den Stoff sehr zügig nach links raus und nähe die leere Fadenkette.

Videoanleitung „im Kreis nähen"

Variante 1

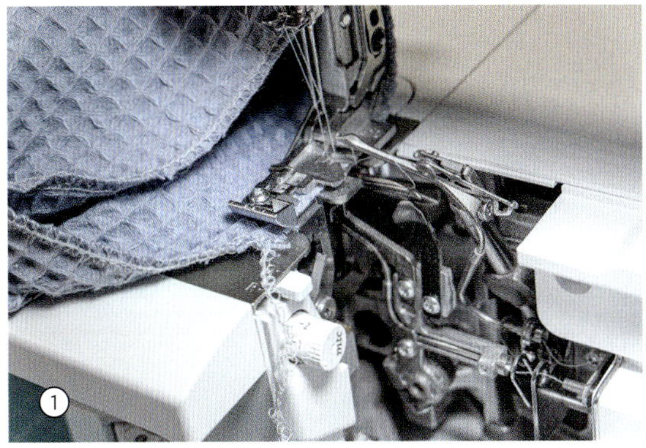

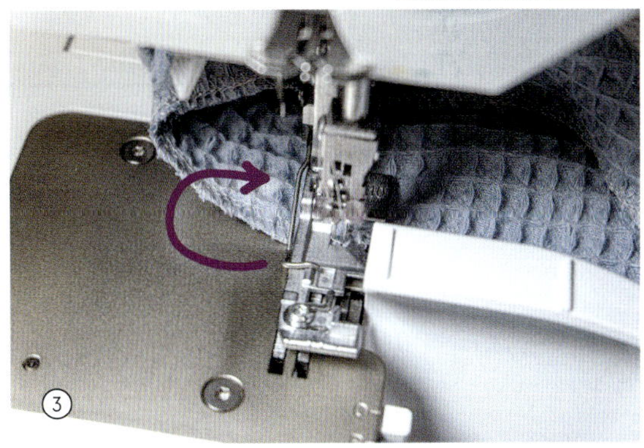

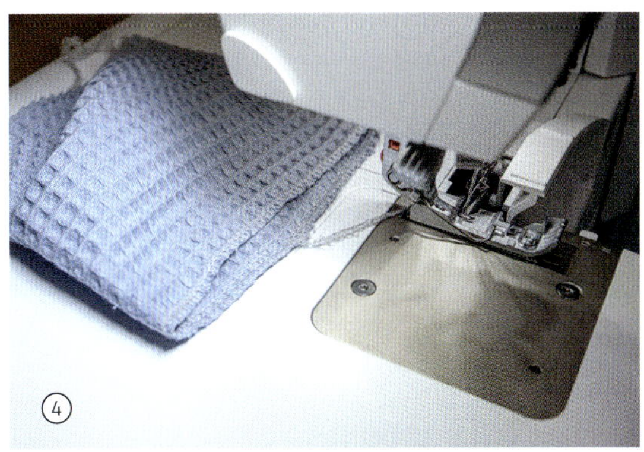

Nahtenden sichern

Es gibt verschiedene Möglichkeiten, deine Nahtenden zu sichern.

Variante 1

Du nähst später in einem weiteren Arbeitsschritt nochmals über das Nahtende oder den Nahtbeginn. Damit ist deine Naht dann gesichert.

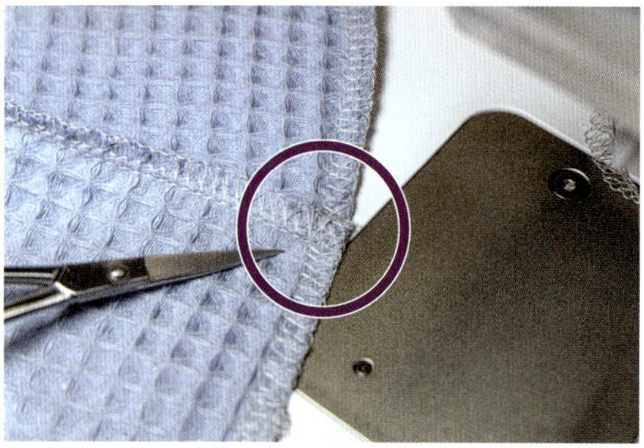

Variante 2

Du verknotest die überstehende Fadenkette.

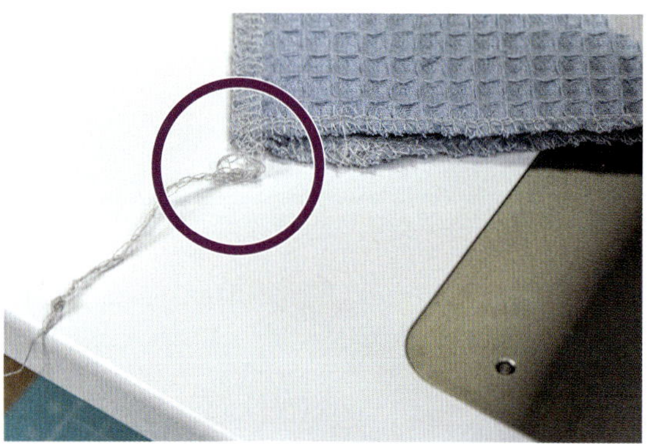

Variante 3

1. Ziehe die Fadenkette mit einer Fangnadel, Stopfnadel oder kleinen Häkelnadel in die Nahtzugabe.
2. Stich mit geschlossener Fangnadel ca. 3 cm hinter dem Nahtbeginn zwischen die beiden Stofflagen oder die Fäden.
3. Schiebe die Fangnadel nach vorne heraus und öffne sie.
4. Lege die Fadenkette in die Fangnadel und schließe diese.
5. Zieh nun die Fangnadel zurück in die Nahtzugabe.
6. Schneide den überflüssigen Faden ab.

Variante 3

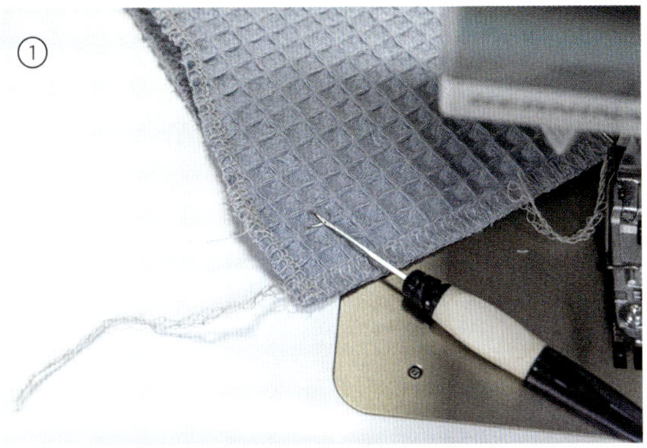

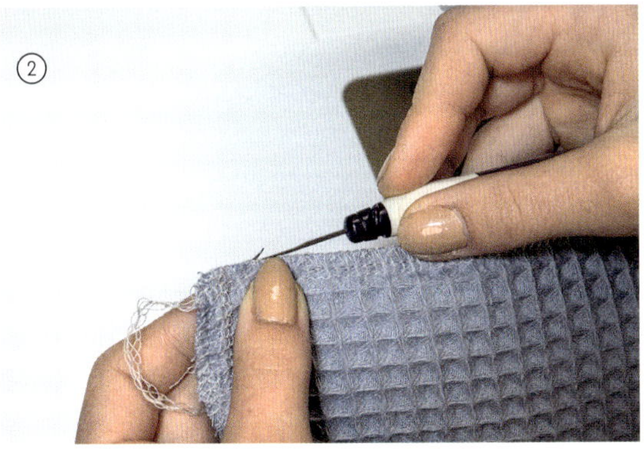

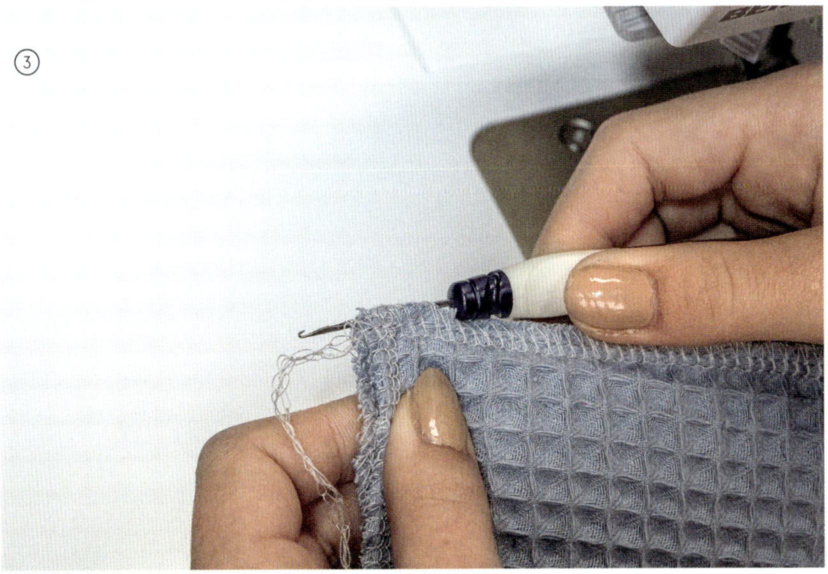

Nahtende mit Fangnadel sichern

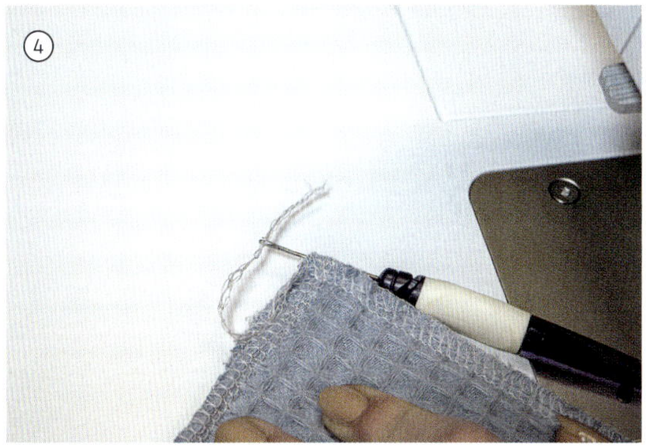

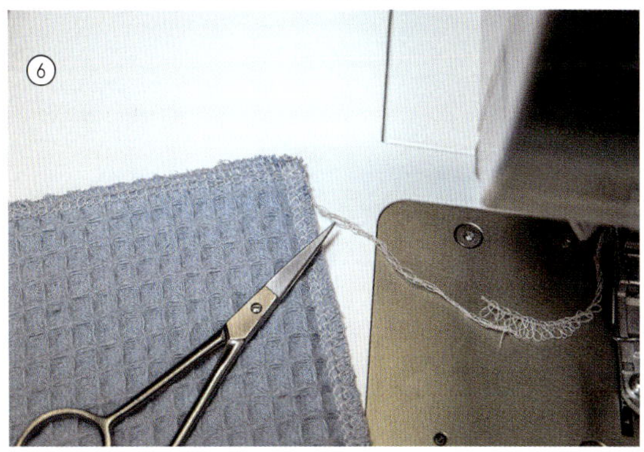

Naht auftrennen

Eine Overlocknaht aufzutrennen, ist viel leichter, als du dir vielleicht vorstellst. Du gehst dabei wie folgt vor:

1. Schneide die Fadenkette am Beginn und Ende der Naht ab.
2. Schneide die Köpfchen der Schlingen von Obergreifer und Untergreifer an der Stoffkante auf. Nutze dazu eine scharfe Schere oder einen Nahttrenner.
3. Löse an einer Seite 4–5 cm vom Stoffende entfernt den rechten Nadelfaden aus der Naht heraus. Das ist der obere gerade Stich.
4. Nun kannst du vorsichtig an dem Nadelfaden ziehen und ihn vollständig entfernen. Wiederhole das mit dem linken Nadelfaden (dem unteren geraden Stich).
5. Die restlichen Schlaufen fallen jetzt von selbst ab. Mit einem Kleiderroller kannst du alle Fäden sauber entfernen.

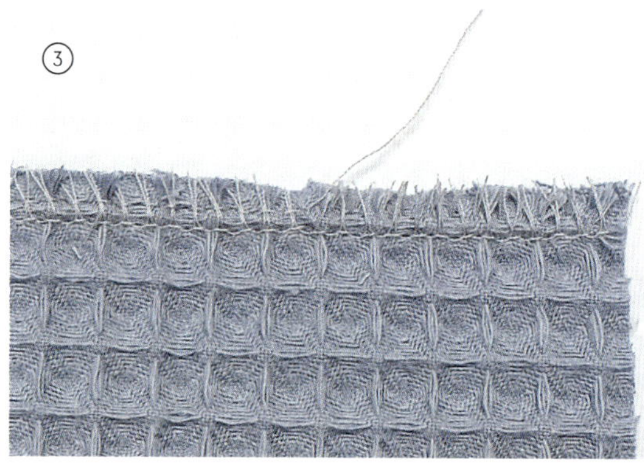

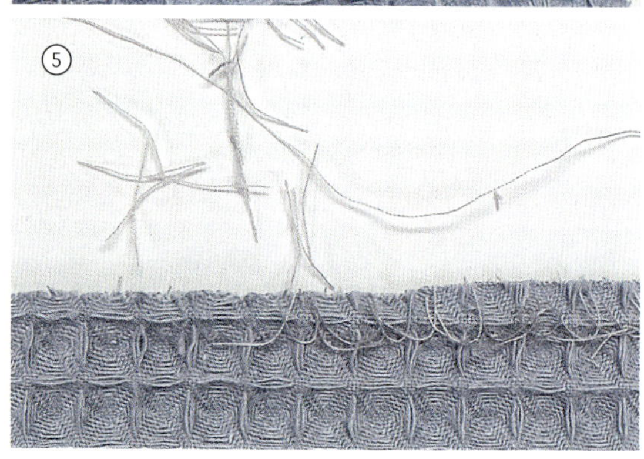

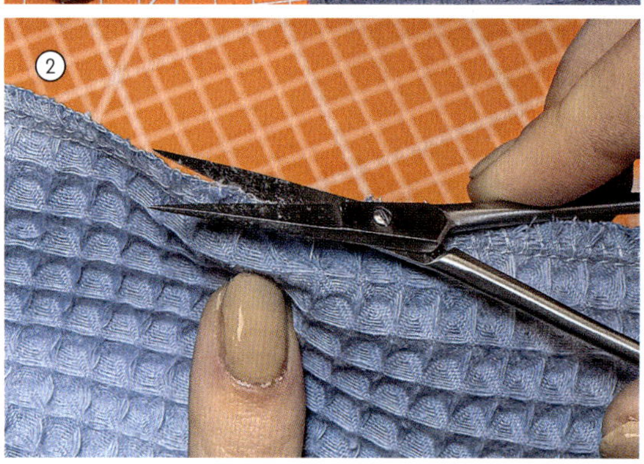

Kurven

Aufgrund des relativ großen Nähfußes und des Messers lassen sich Kurven mit der Overlock nicht ganz so einfach nähen wie mit der Nähmaschine. Prüfe, ob es für deine Overlock einen speziellen Nähfuß für Kurven gibt. Dieser ist kürzer und somit lassen sich die Kurven leichter nähen.

Innenkurven

Für eine Innenkurve führe den Stoff vorsichtig gerade unter das Messer. Achte dabei darauf, dass du immer gleichmäßig viel wegschneidest. Bei elastischen Materialien kannst du diese einfach vor dem Messer geradeziehen.

Bei nicht elastischen Stoffen führst du den Stoff, der zu viel ist, vorsichtig links am Nähfuß vorbei und drehst den Stoff dabei behutsam. Achte darauf, dass er immer gerade unter das Messer geführt wird.

TIPP

Ich empfehle dir, als Übung einmal einfach 10 Innenkurven mit verschiedenen Radien zu nähen.

Außenkurven

Bei Außenkurven liegt die Kunst darin, keine Luftschlaufen zu erzeugen. Die Rundung sollte immer am Messer entlanggeführt werden und es sollte auch immer etwas Stoff abgeschnitten werden. Konzentriere dich beim Nähen auf die Stelle, wo das Messer den Stoff schneidet. Je kürzer die Stichlänge, desto einfacher ist es. Nähe langsam und kontrolliere regelmäßig. Kommst du von der richtigen Nahtposition ab, lass die Nadel im Stoff stecken, hebe den Nähfuß und platziere den Stoff wieder richtig unter dem Nähfuß.

TIPP

Auch hier empfehle ich dir, zum Training einige Rundungen mit verschiedenen Radien zu nähen.

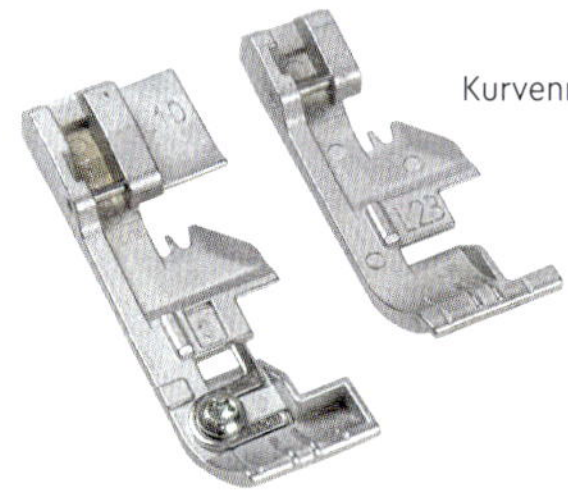

Kurvennähfuß

normaler Nähfuß

Innenkurve geradegezogen

Innen- und Außenecken

Mit der richtigen Technik sind Innen- und Außenecken auch mit der Overlock kein Problem.

Innenecken nähen

Innenecken nähen sich ähnlich wie Innenkurven. Die Innenecke muss vor dem Messer geradegelegt werden, um ein Einschneiden in den Stoff zu vermeiden.

1. Schneide die Ecke vorsichtig innerhalb der Nahtzugabe in einem 45°-Winkel ein. Schneide nicht zu tief ein, ca. 3 mm.
2. Nähe ganz normal bis kurz vor die Ecke.
3. Nun kannst du die Ecke geradeziehen. Dabei bildet sich links vom Nähfuß eine kleine Falte. Streiche diese möglichst glatt, damit du keine Falte in den Stoff nähst. Achte auch darauf, dass der Knips schön am Messer entlanggeführt wird, sonst entstehen genau in der Ecke Luftschlaufen.
4. Nähe dann ganz normal weiter.

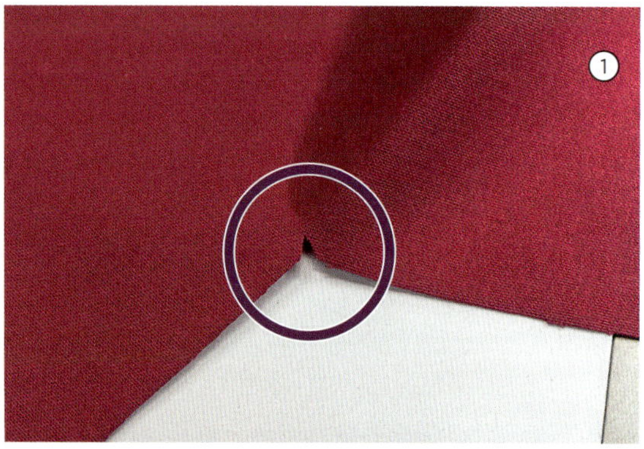

Außenecken nähen

Um Außenecken zu nähen, gibt es zwei Varianten. Du kannst entweder absetzen und neu ansetzen oder durchgehend weiternähen. Die Methode mit dem Absetzen ist etwas einfacher.

Variante 1: absetzen und neu ansetzen

1. Nähe die gerade Naht bis zum Ende und schneide die Fadenkette ab.
2. Lege den Stoff neu mit der zweiten Stoffkante an und nähe erneut.

Variante 2: durchgehend nähen

Diese Variante ist ein wenig schwieriger und erfordert etwas Übung. Bei sichtbaren Nähten erzielst du damit aber das deutlich schönere Ergebnis.

1. Schaue dir genau an, wo du entlangnähen wirst und wo die Ecke ist. Schneide ca. 5 cm der Nahtzugabe nach der Ecke zurück.

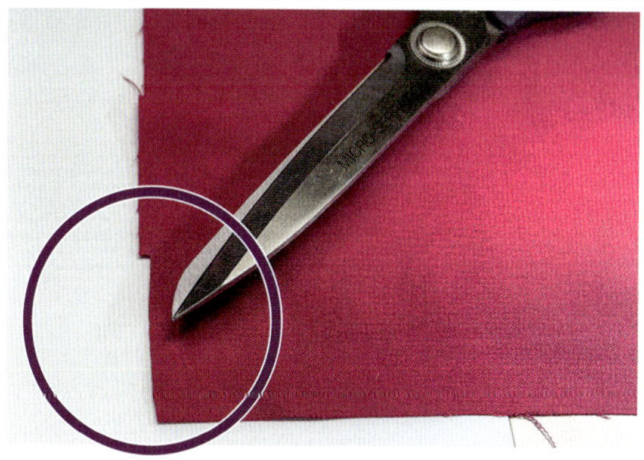

2. Beginne, ganz normal zu nähen.

3. Nähe an der Ecke genau einen Stich über die Ecke hinaus. Bilde KEINE Fadenkette!
4. Drehe das Handrad einmal zu dir, bis die Nadeln sich in der höchsten Position befinden, hebe den Nähfuß und ziehe 2–3 cm der Nadelfäden vor den Nadeln locker zu dir.
5. Drehe den Stoff und drehe das Handrad zu dir, bis die Nadeln in den Stoff stechen. Senke erst jetzt den Nähfuß.
6. Nähe nun ganz normal weiter. Zu Beginn wird hier kein Stoff weggeschnitten, weshalb du besonders genau arbeiten musst. Nach den ersten 5 cm greift das Messer wieder und schneidet den Stoff wie üblich zurück.

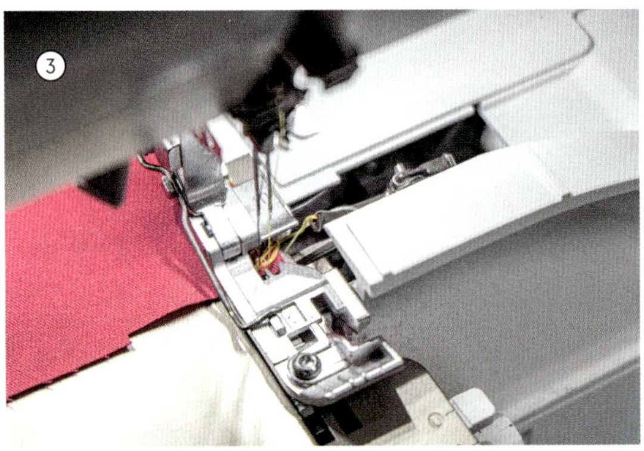

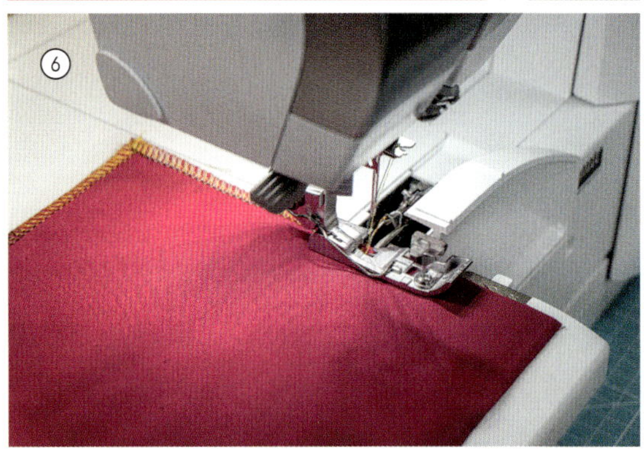

Nahtkreuzungen

Günstigere Overlockmodelle haben oft nicht so viel Kraft und damit manchmal Schwierigkeiten, über dicke Nahtkreuzungen zu nähen. Das erkennst du daran, dass an dicken Stellen auf einmal die Stichlänge immer kürzer wird und nicht mehr schön gleichmäßig aussieht.
Aber natürlich gibt es auch dafür ein paar Tipps und Tricks.

Variante 1
Schneide die Nahtkreuzung vorsichtig bis zum linken Nadelfaden ein, klappe die Nahtzugaben in die entgegengesetzte Richtung und nähe ganz normal.

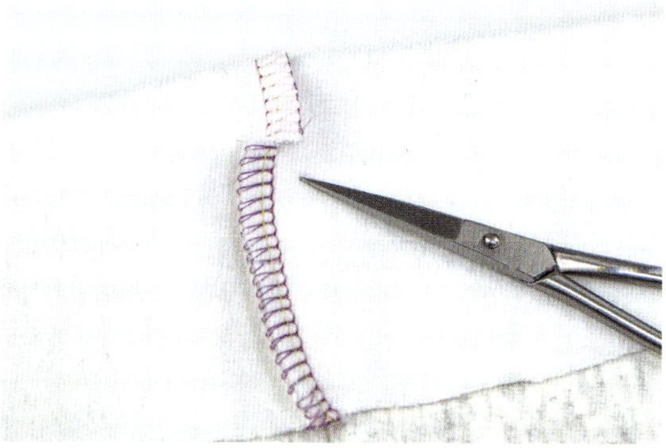

Variante 2
Nähe mit deiner normalen Stichlänge bis kurz vor die dicke Stelle. Drehe nun die Stichlänge so hoch wie möglich, und nähe über die dicke Stelle. Drehe danach die Stichlänge wieder auf Normalposition zurück.

Interview mit JUKI®

Funfact aus der Nähmaschinenwelt

Die weltweit erste funktionierende Nähmaschine wurde von dem Franzosen Barthélemy Thimonnier im Jahr 1830 erfunden. Interessanterweise wurde Thimonniers Erfindung in Frankreich nicht gut aufgenommen. Schneider fürchteten um ihre Arbeitsplätze und zerstörten sogar sein Atelier mit der Nähmaschine. Es dauerte einige Jahre, bis die Nähmaschine breite Anerkennung fand und die revolutionäre Technologie sich durchsetzte.

Weitere Informationen findet ihr unter **juki-naehmaschinen.de/maschinen_kategorie/overlock** oder auf:

Wer ist JUKI?

JUKI ist eine renommierte Marke im Bereich Industrie- und Haushaltsnähmaschinen. 1945 startete JUKI mit dem Haushaltsnähmaschinengeschäft. Mit modernster Technologie und elegantem Design bietet JUKI Nähmaschinen für jeden Nähanspruch. Egal, ob du Anfängerin oder erfahrene Näherin bist. JUKI hat viele langjährig bewährte Entwicklungen aus der Industrienähmaschinensparte auf den Haushaltsnähmaschinensektor übertragen. Dadurch hat jeder die Möglichkeit, professionelle Nähte mit Leichtigkeit zu kreieren. Entdecken Sie die Faszination des Nähens mit JUKI, und das schönste Hobby der Welt ist noch schöner.

Was zeichnet eine JUKI-Overlock aus?

JUKI-Overlock-Maschinen bieten eine ausgezeichnete Kombination aus sehr leisen Nähgeräuschen, Präzision, Benutzerfreundlichkeit und Vielseitigkeit. Dies führt zu einer beliebten Wahl bei Näherinnen und Schneiderinnen.

Was ist einzigartig an einer JUKI-Overlock?

Der automatische Fadenabschneider. Die JUKI MO 3500 verfügt über ein eingebautes Messer hinter dem Nähfuß, das die Kette automatisch durchtrennt. Und das kann sie auf drei verschiedene Arten:

- Per Taste: Vorne an der Overlock befindet sich eine Taste mit einem Scherensymbol. Einfach drücken und sie schneidet.
- Per Pedal: Die JUKI MO-3500 hat ein Pedal, wie man es schon von den Nähmaschinen kennt, bestehend aus zwei Teilen. Das kleinere Pedal ist der Fadenschneider. Drücken, schneiden, fertig.
- Automatisch: Ein Sensor erkennt, wie weit der Stoff vom Nähfuß entfernt ist, und schneidet je nach Einstellung nach einem bis zehn Zentimetern ab.

Wie oft muss ich eine Overlock warten?

Eine regelmäßige Wartung der Overlockmaschine ist entscheidend, um die Leistungsfähigkeit und Lebensdauer zu erhalten.
Was kannst du tun? Was solltest du der Fachwerkstatt überlassen?

SELBSTPFLEGE, DIE DU ÜBERNEHMEN SOLLTEST

Reinigung: Nach jeder Nutzung ist es wichtig, die Overlockmaschine von Staub, Fasern und Stoffresten zu befreien. Verwende dazu einen weichen Pinsel oder einen Staubsauger.

Nadeln: Wechsle ganz regelmäßig, spätestens nach jedem größeren Projekt IMMER beide Nadeln.

Ölen: Die Nadelstange und die Greifer sollten regelmäßig geölt werden. Beachte hierbei die Bedienungsanleitung und die Anweisungen bezüglich Öl und Frequenz.

Messer: Kontrolliere regelmäßig die Messer auf Schneideschärfe und Macken. Tu dir selbst einen Gefallen und verwende Klammern zum Stecken anstatt Stecknadeln.

Garn: Verwende Qualitäts-Overlockgarn für einen bestmöglichen und gleichmäßigsten Garnlauf.

NUR WAS FÜR DIE FACHWERKSTATT

Umfassende Reinigung und Wartung: Es ist ratsam, die Overlockmaschine je nach Betriebsstunden, jedoch spätestens alle 2–3 Jahre von einer Nähmaschinenfachwerkstatt warten zu lassen.

Elektrische Komponenten: Die Elektronik sollte immer nur von Fachwerkstätten überprüft und gewartet werden, um eine optimale Funktion sicherzustellen. Messertausch: Eine genaue Messerjustierung nach dem Austausch sollte nur von einer Fachwerkstatt vorgenommen werden.

JUKIs heißer Nähtipp?

Schau dir mal den Standardnähfuß einer JUKI-Overlock an. Ist dir hier schon mal die Öffnung aufgefallen? Hier kannst du ein Bändchen mitlaufen lassen. Dies eignet sich super, um Nähte zu sichern sowie zu stabilisieren. Aber genauso um Projekte mit der Overlock zu verzieren.

Was ist der berühmteste JUKI-Nähfuß?

Ganz klar der Traktorfuß! Der JUKI-Traktorfuß gleitet dank seiner Gelenke sicher über Stufen, selbst bei dicken Materialien. Die Teilung des Nähfußes erleichtert dabei nicht nur den Transport auf die Stufe hinauf, sondern sorgt auch für perfekte Stichbildung, wenn es wieder auf weniger Lagen hinuntergeht. Zudem lassen sich dicke Stoffe schon am Nahtanfang leichter unter den Nähfuß schieben.

Be careful – wobei solltest du besonders gut aufpassen?

- Beim Nähen mit Stecknadeln – dein Messer dankt es dir.
- Beim Nähen ohne Messer – immer schön am Rand nähen.
- Beim Ölen der Maschine – ausschließlich Nähmaschinenöl verwenden.
- Beim Fluchen über Maschinen – immer erst mal alles ausfädeln, Nadeln tauschen, tief einatmen und noch mal neu einfädeln.

4. DIE 17 OVERLOCKNÄHTE

- Grundlagen
- Die 17 Sticharten

Grundlagen

Die unterschiedlichen Nähte der Overlock werden gebildet durch das Zusammenspiel der verschiedenen Fäden, Spannungen und Differentialeinstellungen. Deine Overlock kann bis zu 17 verschiedene Nähte, dabei kann aber nicht jede Overlock alles. Im Folgenden erhältst du einen Überblick über diese 17 Nähte und darüber, wie sie eingestellt und verwendet werden.

Ich empfehle dir, alle Sticharten einmal in Ruhe auszuprobieren. Druck dir am besten die Stichübersicht aus und fülle sie nach und nach mit den Einstellungen für deine Maschine aus.

Eine Übersicht über die Stiche findest du hier:

Möchtest du all das gern in einem Kurs lernen, gemeinsam mit anderen Nähbegeisterten, dann empfehle ich dir meinen Online-Kurs „Overlock rockt!". Mit dem Code OVIBUCH10 bekommst du 10 % Skonto auf den Kurs.

BEACHTE!

Für die Einstellungen werden folgende Abkürzungen verwendet:

LN: linke Nadel
RN: rechte Nadel
OG: Obergreifer
UG: Untergreifer
SL: Stichlänge
D: Differential
R: Rollsaum

ÜBRIGENS

Nicht für alle Stiche werden beide Nadeln gebraucht. Wenn eine Nadel nicht benutzt wird, reicht es aber nicht, einfach nur den Faden aus der Nadel zu entfernen. Es muss auch die Nadel aus der Maschine genommen werden, sonst kommt es zu Fehlstichen.

Die 17 Sticharten

Nr.	Bezeichnung	So sieht die Naht aus	Grafische Abbildung	Verwendung
*	**5-Faden-Sicherheitsnaht** (nur bei Coverlock-Maschinen)	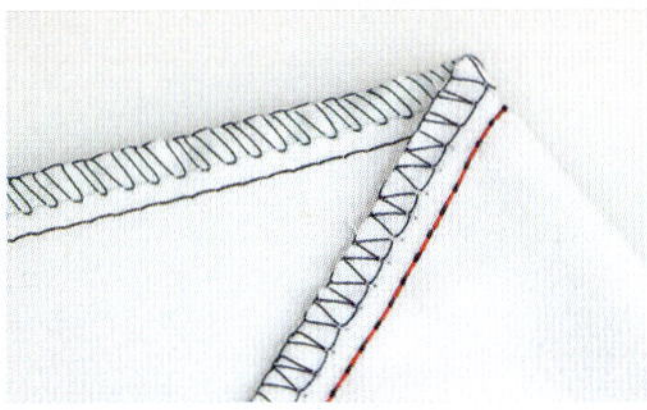	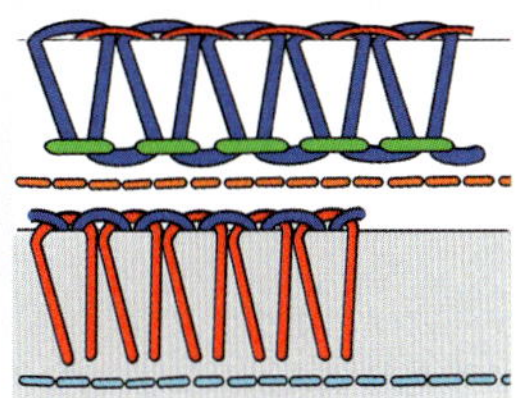	· zum Zusammennähen hoch elastischer Stoffe · für Nähte mit besonderer Belastung, z. B. bei Jeans
1	**4-Faden-Overlocknaht**		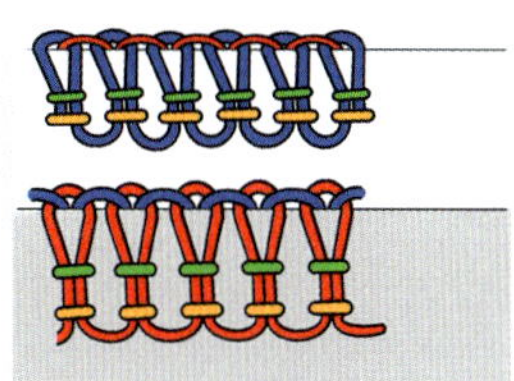	· meistgenutzte Naht, daher auch Standardnaht genannt · zum Zusammennähen von elastischen Stoffen
2	**3-Faden-Overlocknaht breit**		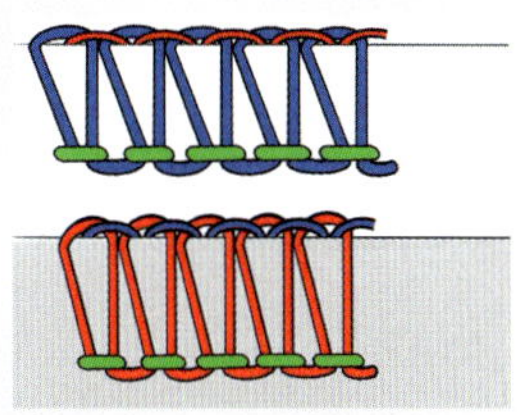	· zum Versäubern von stark fransenden, festeren Webstoffen, z. B. Canvas, Leinen, Jeans
3	**3-Faden-Overlocknaht schmal**		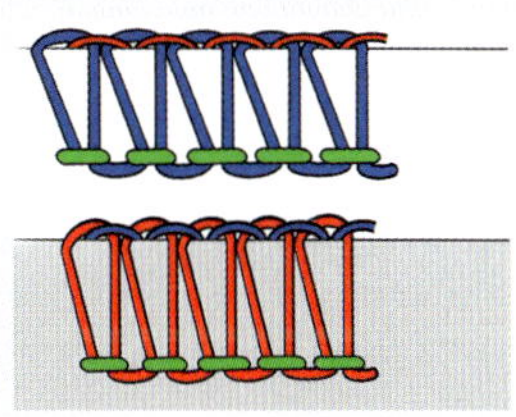	· zum Versäubern von dünnen bis mittelschweren Webstoffen, z. B. Baumwollpopeline
4	**3-Faden-Superstretchnaht**		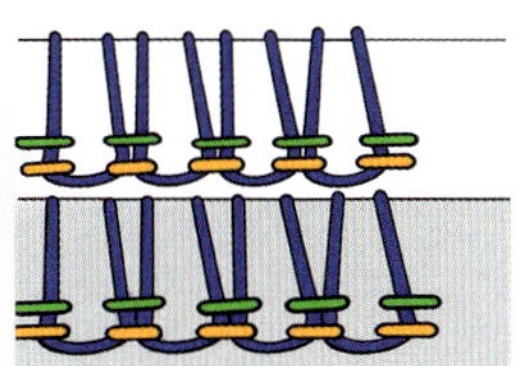	· zum Zusammennähen von hoch elastischen Stoffen bei Nähten mit besonderer Belastung, z. B. bei Sportbekleidung aus Lycra oder der Schrittnaht bei Leggings

Nr.	Bezeichnung	So sieht die Naht aus	Grafische Abbildung	Verwendung
5	3-Faden-Flatlocknaht breit		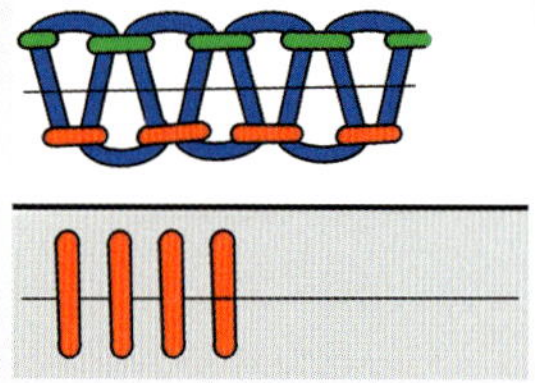	· zum Verbinden zweier Stofflagen · breite, flache Naht für einen Ziereffekt bei eher dickeren Stoffen und Decorgarnen · es wird nur die LN verwendet · Leiterstich auf der Rückseite
6	3-Faden-Flatlocknaht schmal	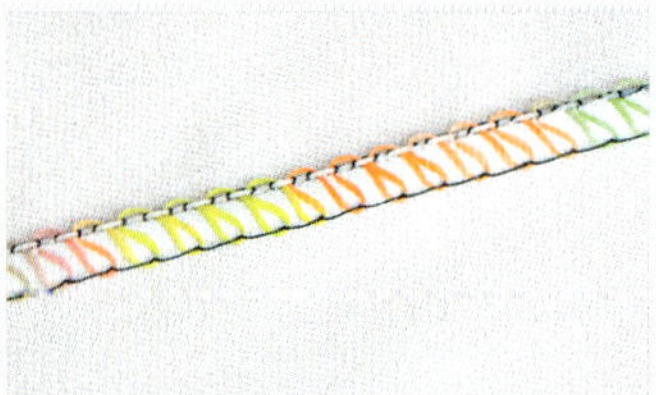	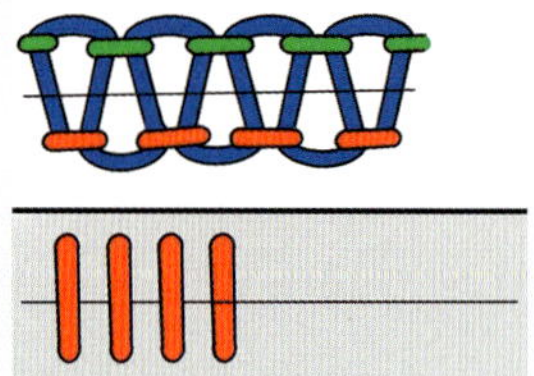	· für besonders flache Nähte mit Ziereffekten bei dünnen Stoffen · es wird nur die RN verwendet · Leiterstich auf der Rückseite · der Ziereffekt ist weniger auffällig als bei der 3-Faden-Flatlocknaht breit
7	2-Faden-Flatlocknaht breit	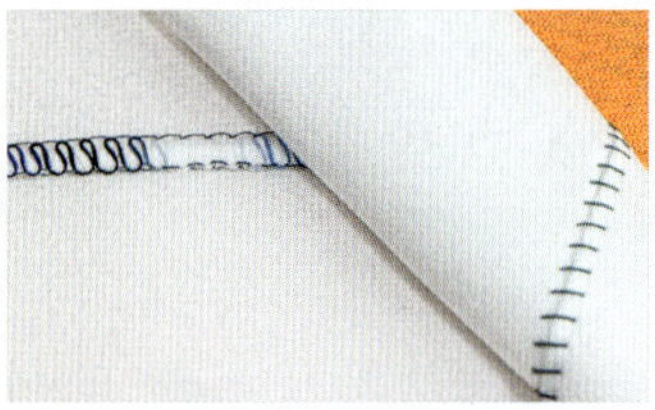	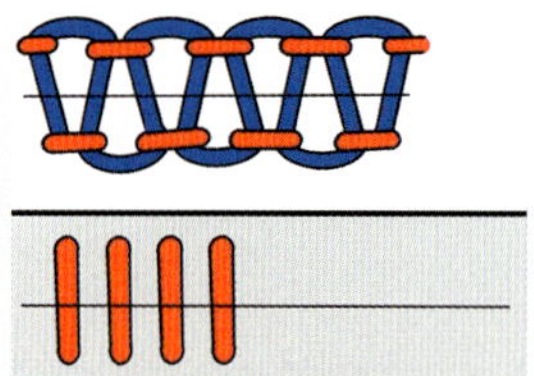	· zum dekorativen flachen Verbinden zweier dünner Stofflagen · es wird nur die LN verwendet · Leiterstich auf der Rückseite
8	2-Faden-Flatlocknaht schmal	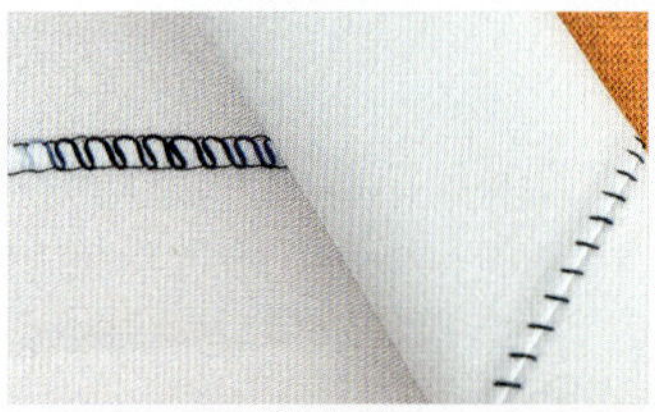	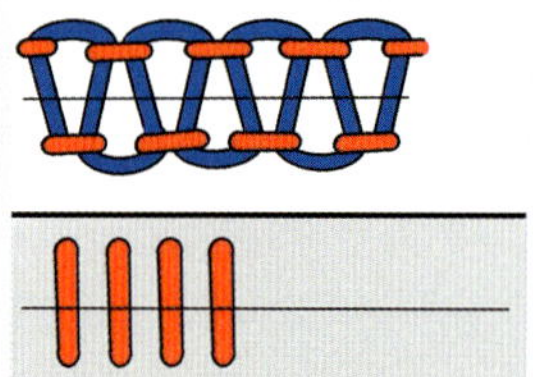	· zum dekorativen Verbinden flacher dünner Stofflagen · es wird nur die RN verwendet · Leiterstich auf der Rückseite
9	3-Faden-Rollnaht		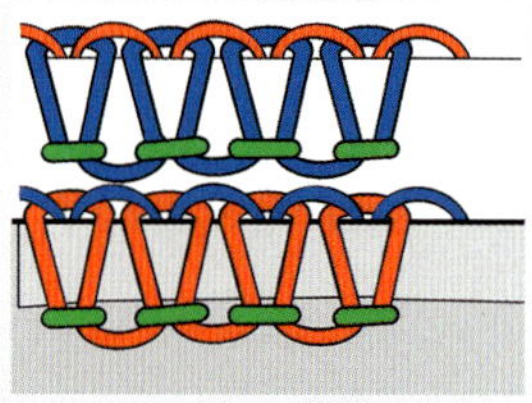	· für Saumabschlüsse an feinen Stoffen und zum Zusammennähen zweier Stofflagen mit schmaler Nahtzugabe. · OG und UG verschlingen auf der Stoffkante
10	3-Faden-Rollsaum		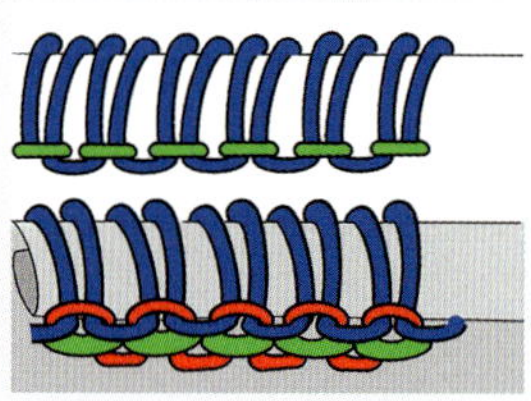	· für Saumabschlüsse an leichten Stoffen und für Ziereffekte · OG und UG verschlingen auf der Naht · kurze Stichlänge · Faden OG rollt den Stoff auf die Unterseite ein
11	3-Faden-Pikotsaum	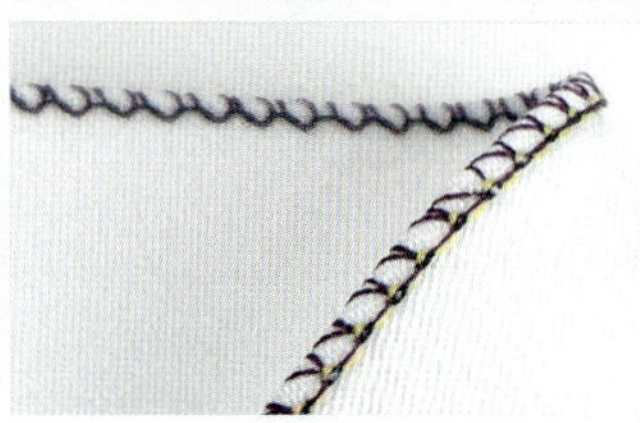	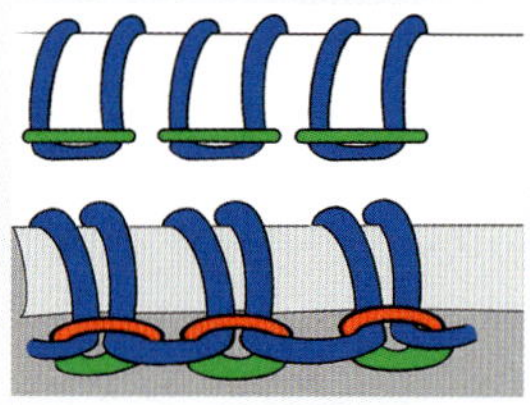	· für Saumabschlüsse an leichten bis mittelschweren Stoffen · Faden OG rollt den Stoff auf die Unterseite · größere Stichlänge als beim R

Nr.	Bezeichnung	So sieht die Naht aus	Grafische Abbildung	Verwendung
12	**3-Faden-Wellensaum**	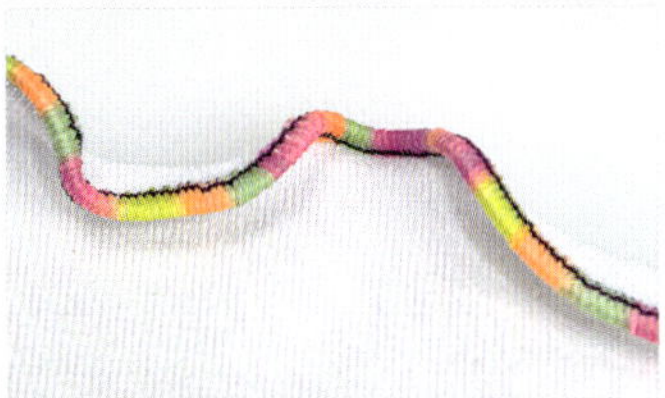	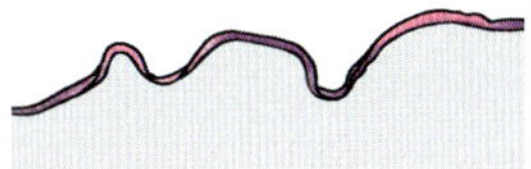	· feminines Finish an Kleidern und Röcken · nur für elastische Stoffe
**	**3-Faden-Wavesaum** (nur bei einigen Maschinen der Firma baby lock)			· für dekorative Zwecke
13	**2-Faden-Overlocknaht breit**	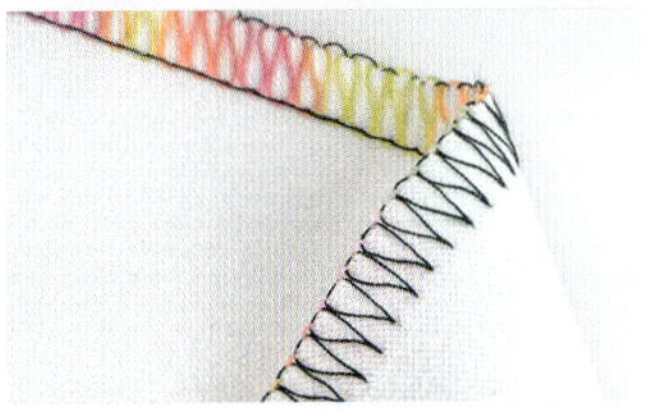	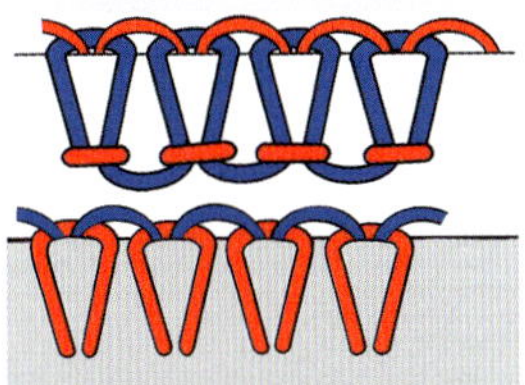	· zum Versäubern von sehr feinen Stoffen · es wird nur die LN verwendet
14	**2-Faden-Overlocknaht schmal**	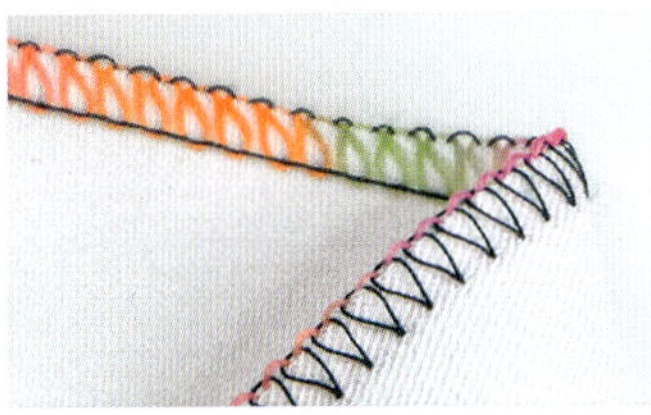	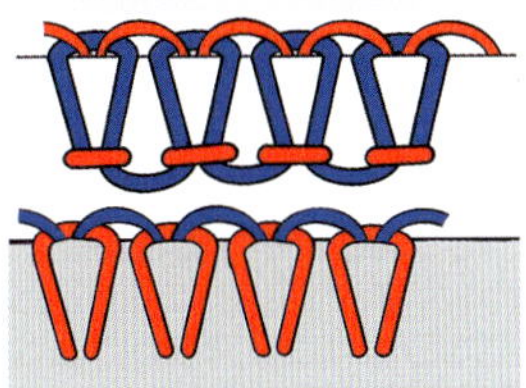	· zum Versäubern von sehr feinen Stoffen · es wird nur die RN verwendet
15	**2-Faden-Kanten-umschlinger breit**		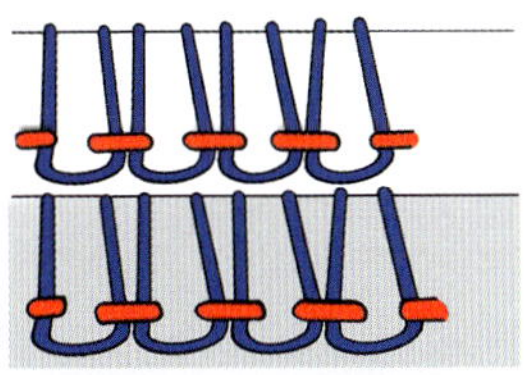	· als Saumabschluss bei dünnen Stoffen · es wird nur die LN verwendet · Faden UG umschlingt die ganze Stoffkante
16	**2-Faden-Kantenum-schlinger schmal**		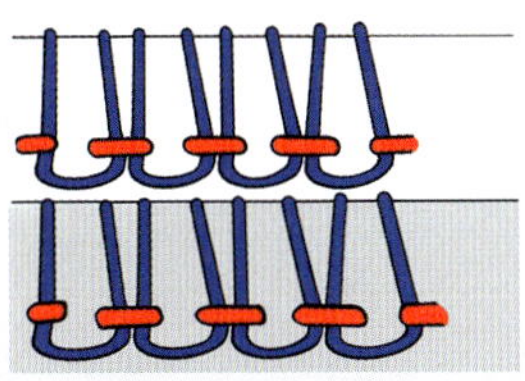	· als Saumabschluss bei dünnen Stoffen · es wird nur die RN verwendet · Faden UG umschlingt die ganze Stoffkante
17	**2-Faden-Rollsaum**		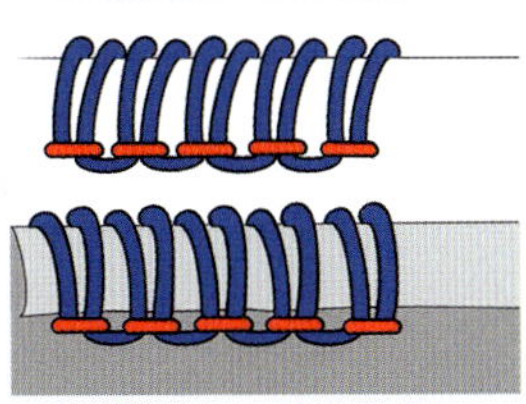	· als Saumabschluss an sehr dünnen Stoffen, z. B. Organza oder Chiffon

5-Faden-Sicherheitsnaht

Verwendungszweck

Diese hoch elastische Naht mit einem zusätzlichen Kettstich eignet sich für besonders beanspruchte Nähte, z. B. Nähte an elastischen Jeans oder Schrittnähte. Diese Naht lässt sich in der Regel nur mit Coverlock-Maschinen erzeugen, also Kombimaschinen aus Overlock und Coverstitch. Auf weitere Sticharten von Kombimaschinen wird in diesem Buch allerdings nicht eingegangen.

Einstellungen

Für die korrekten Einstellungen lies bitte im Handbuch deiner Maschine nach. In den meisten Fällen sind folgende Einstellungen zu empfehlen:

- mittlere Nadel der Coverstitchfunktion: mittlere Spannung
- RN oder LN der Overlockfunktion: mittlere Spannung
- OG: mittlere Spannung
- UG: mittlere Spannung
- Kettstichgreifer: mittlere Spannung

Garne

- Overlockgarn, z. B. SERACOR von Mettler
- Bauschgarn, z. B. SERAFLOCK von Mettler, im Greifer

TROUBLE-SHOOTING

In der Tabelle zeige ich dir verschiedene unerwünschte Nähergebnisse, erläutere dir die Ursachen und zeige Lösungen auf.

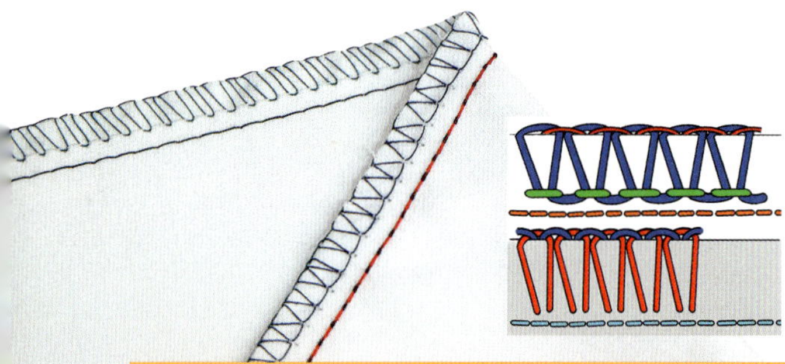

Beschreibung	Ursache	Lösung
Stoff kräuselt sich	· Stichlänge LN zu hoch · Differential zu hoch · Kettstich zu fest	· Stichlänge verringern · Differential verringern · Kettstichnadelspannung lockern
Stoff dehnt sich	· Differential zu niedrig	· Differential erhöhen
Luftschlaufen	· Messerposition zu weit links, es wird zu viel Stoff abgeschnitten · Stoff wird nicht richtig geführt	· Messer weiter nach rechts stellen · Stoff richtig anlegen und führen
Stoff staucht sich in der Naht	· Messerposition zu weit rechts, es wird zu wenig Stoff abgeschnitten	· Messer weiter nach links stellen
Fäden von OG und UG verschlingen nicht auf der Kante Faden OG wird auf die Rückseite gezogen	· OG zu locker oder UG zu fest · falsch eingefädelt	· OG fester stellen oder Untergreifer lockern · prüfen, ob richtig eingefädelt ist
Fäden von OG und UG verschlingen nicht auf der Kante Faden UG wird auf die Vorderseite gezogen	· OG zu fest oder UG zu locker · falsch eingefädelt	· OG lockern oder UG fester stellen · prüfen, ob richtig eingefädelt ist
Kettstich zu locker	· Kettstichgreifer zu locker	· Kettstichgreifer fester stellen

4-Faden-Overlocknaht bzw. Standardnaht

Verwendungszweck

Die 4-Faden-Overlocknaht ist die gebräuchlichste Naht, um elastische Stoffe wie Jersey, French Terry oder Sweat zusammenzunähen.

Einstellungen

- LN: mittlere Spannung
- RN: mittlere Spannung
- OG: mittlere Spannung
- UG: mittlere Spannung
- SL: 2–4
- D: 1–1,5
- Messerposition: je nach Dicke des Stoffes
- Nähfußdruck: meist Normalposition

Garne

- Overlockgarn, z. B. SERACOR von Mettler, in den Nadeln und Greifern
- Bauschgarn, z. B. SERAFLOCK von Mettler, in den Greifern

Troubleshooting

Häufig hängen unerwünschte Nähergebnisse mit einer zu niedrigen Fadenspannung zusammen. Das heißt aber nicht, dass in all diesen Fällen lediglich die Fadenspannung erhöht werden muss. Eine zu niedrige Fadenspannung kann vielmehr auch folgende Ursachen haben:

- Tatsächlich ist die Spannung falsch eingestellt.
- Der Faden ist nicht richtig eingefädelt: Entweder er läuft nicht vollständig durch den Fadenbaum oder die Vorspannung oder er liegt nicht zwischen den Spannungsscheiben. Kontrolliere also bitte immer, ob richtig eingefädelt ist.
- Es können sich Fusseln zwischen den Spannungsscheiben befinden, die ein vollständiges Schließen der Spannungsscheiben verhindern und dazu führen, dass der Faden nicht richtig gespannt werden kann. In diesem Fall muss die Maschine gereinigt werden.
- Der Nähfuß war beim Nähen nicht gesenkt. Dann schließen die Spannungsscheiben nicht und der Faden kann nicht richtig gespannt werden.
- Minderwertige Garne, die stark fusseln, ungleichmäßig von der Spule ablaufen oder deren Spulenkern defekt ist, können ebenfalls Probleme bereiten. Prüfe daher immer, ob das Garn ruhig und gleichmäßig abläuft und nicht springt.
- Auch falsche, abgenutzte oder beschädigte Nadeln können die Ursache für unschöne Nähte sein.

In der folgenden Tabelle zeige ich dir verschiedene unerwünschte Nähergebnisse, erläutere dir die Ursachen und zeige Lösungen auf.

Bild	Grafik	Beschreibung	Ursache	Lösung
	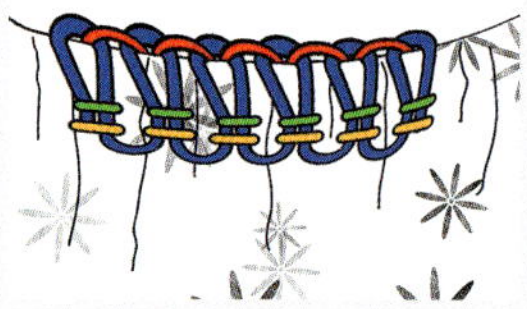	· Stoff kräuselt sich	· Stichlänge LN zu hoch · Differential zu hoch	· Stichlänge verringern · Differential verringern
	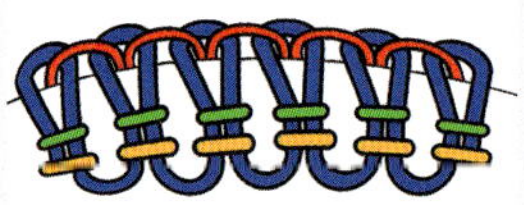	· Stoff dehnt sich	· Differential zu niedrig	· Differential erhöhen
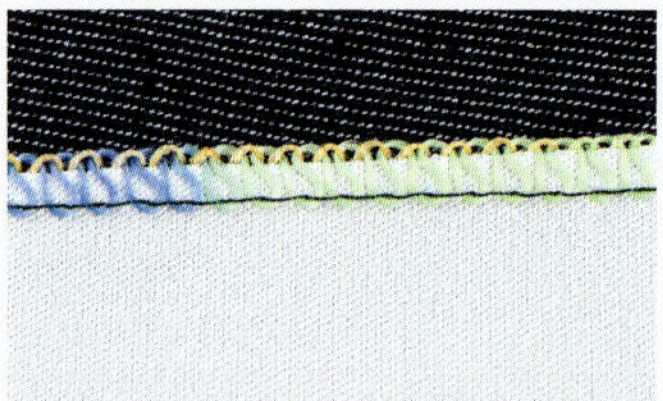	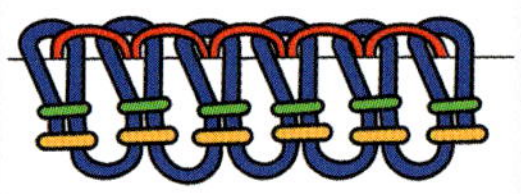	· Luftschlaufen an der Kante	· Messerposition zu weit links, es wird zu viel Stoff abgeschnitten · Stoff wird nicht richtig geführt	· Messer weiter nach rechts stellen · Stoff richtig anlegen und führen
	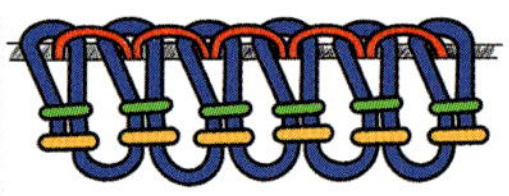	· Stoff staucht sich in der Naht	· Messerposition zu weit rechts, es wird zu wenig Stoff abgeschnitten	· Messer weiter nach links stellen
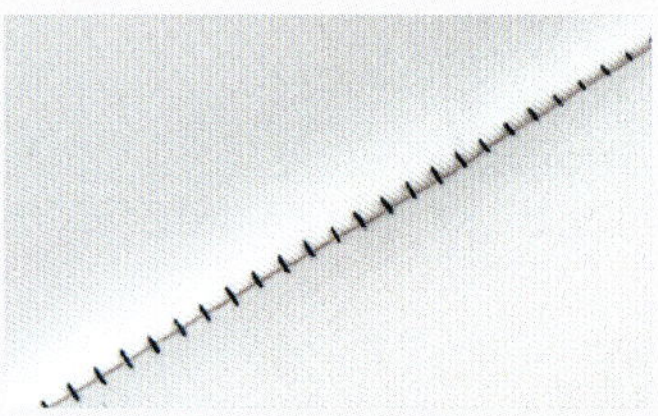	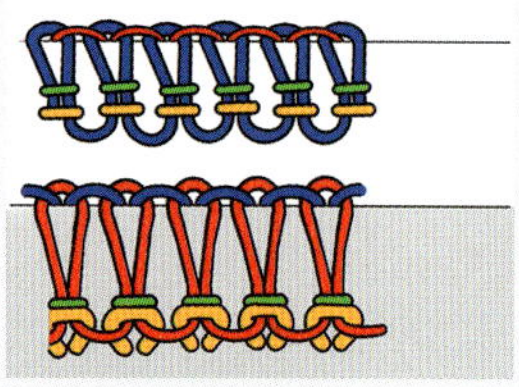	· Naht zu locker, linker Nadelfaden ist auf der rechten Seite sichtbar	· linker Nadelfaden zu locker, Spannung zu niedrig eingestellt · falsch eingefädelt	· linker Nadelfaden Spannung erhöhen · prüfen, ob richtig eingefädelt ist
	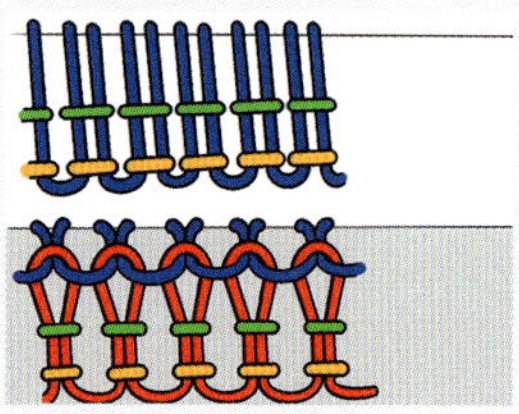	· OG und UG verschlingen nicht auf der Kante · Faden OG wird auf die Rückseite gezogen	· OG zu locker oder UG zu fest · falsch eingefädelt	· OG fester stellen oder UG lockern · prüfen, ob richtig eingefädelt ist
	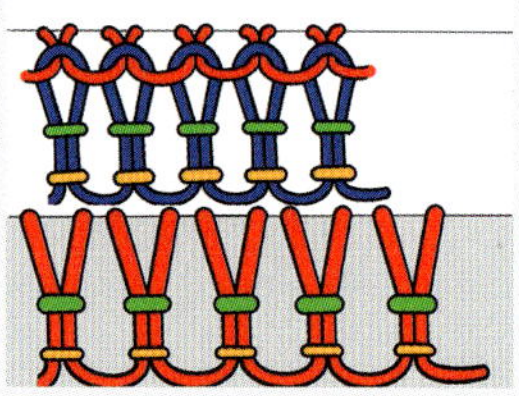	· OG und UG verschlingen nicht auf der Kante · Faden UG wird auf die Vorderseite gezogen	· OG zu fest oder UG zu locker · falsch eingefädelt	· OG lockern oder UG fester stellen · prüfen, ob richtig eingefädelt ist

3-Faden-Overlocknaht breit

Verwendungszweck

Diese Naht wird zum Versäubern von mittelschwerer bis schwerer Webware, z. B. Dekostoffen, Canvas oder Jeans, eingesetzt. Die Nahtzugaben können einlagig oder zusammen versäubert werden.

Einstellungen

- LN: mittlere Spannung
- RN: ist entfernt
- OG: mittlere Spannung
- UG: mittlere Spannung
- SL: 2–4
- D: 1
- Messerposition: je nach Dicke des Stoffes
- Nähfußdruck: meist Normalposition

Garne

- Overlockgarn, z. B. SERACOR von Mettler, in der Nadel und den Greifern
- Bauschgarn, z. B. SERAFLOCK von Mettler, in den Greifern

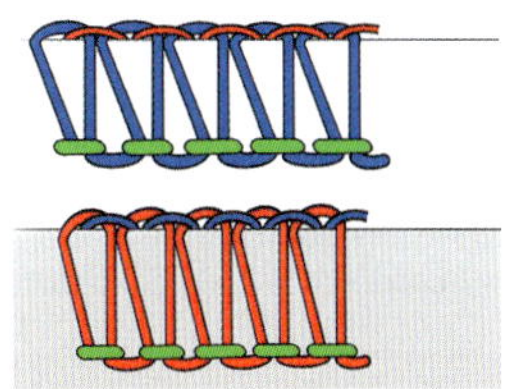

TROUBLESHOOTING

In der Tabelle zeige ich dir verschiedene unerwünschte Nähergebnisse, erläutere dir die Ursachen und zeige Lösungen auf.

Bild	Beschreibung	Ursache	Lösung
	· Stoff kräuselt sich	· Stichlänge LN zu hoch · Differential zu hoch	· Stichlänge verringern · Differential verringern
	· Luftschlaufen	· Messerposition zu weit links, es wird zu viel Stoff abgeschnitten · Stoff wird nicht richtig geführt	· Messer weiter nach rechts stellen · Stoff richtig anlegen und führen
	· Stoff staucht sich in der Naht	· Messerposition zu weit rechts, es wird zu wenig Stoff abgeschnitten	· Messer weiter nach links stellen
	· OG und UG verschlingen nicht auf der Kante · Faden OG wird auf die Rückseite gezogen	· OG zu locker oder UG zu fest · falsch eingefädelt	· OG fester stellen oder UG lockern · prüfen, ob richtig eingefädelt ist
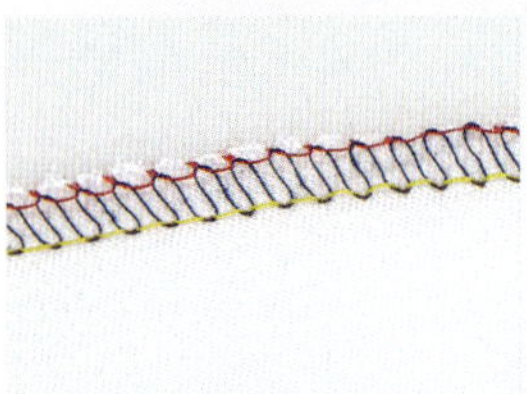	· OG und UG verschlingen nicht auf der Kante · Faden UG wird auf die Vorderseite gezogen	· OG zu fest oder UG zu locker · falsch eingefädelt	· OG lockern oder UG fester stellen · prüfen, ob richtig eingefädelt ist

3-Faden-Overlocknaht schmal

Verwendungszweck

Diese Naht wird zum Versäubern von leichter bis mittelschwerer Webware, z. B. Baumwollpopeline oder Batist, eingesetzt. Die Nahtzugaben können einzeln oder gemeinsam versäubert werden.

Einstellungen

- LN: ist entfernt
- RN: mittlere Spannung
- OG: mittlere Spannung
- UG: mittlere Spannung
- SL: 2–4
- D: 1
- Messerposition: je nach Dicke des Stoffes
- Nähfußdruck: meist Normalposition

Garne

- Overlockgarn, z. B. SERACOR von Mettler
- Bauschgarn, z. B. SERAFLOCK von Mettler, in den Greifern

TROUBLESHOOTING

Beim Troubleshooting gelten die gleichen Regeln und Hinweise wie bei der 3-Faden-Overlocknaht breit.

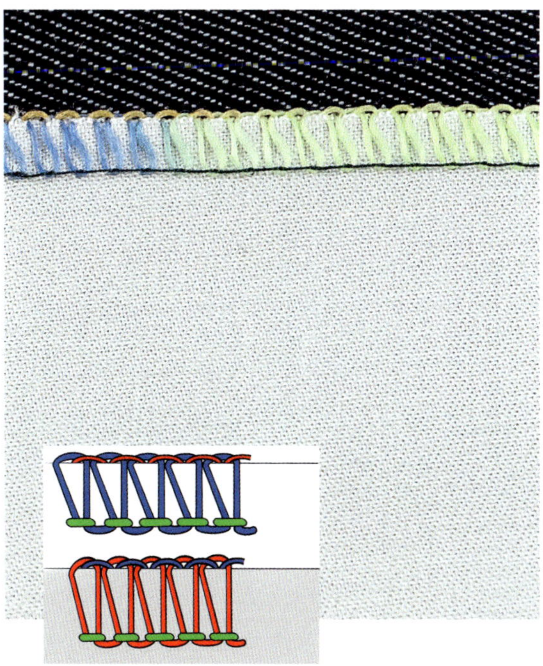

3-Faden-Superstretchnaht

Verwendungszweck

Die 3-Faden-Superstretchnaht wird bei hoch elastischen Materialien und für Stellen eingesetzt, die besonderen Belastungen ausgesetzt sind, z. B. bei der Schrittnaht einer Legging oder für Nähte an Sportbekleidung aus Lycra.

ACHTUNG!

Nicht alle Maschinen können diese Naht nähen. Hat deine Maschine keine Abdeckung für den Obergreifer, kann diese Naht nicht angefertigt werden. Schau dazu in deiner Bedienungsanleitung nach. Es kann allerdings auch sein, dass dieser Stich zwar in deiner Anleitung nicht erwähnt wird, du ihn aber trotzdem nähen kannst. Voraussetzung dafür ist, dass deine Maschine eine Obergreiferabdeckung hat.

Einstellungen

- LN: mittlere bis minimal erhöhte Spannung
- RN: mittlere Spannung
- OG: mittels Abdeckung deaktiviert
- UG: mittlere bis minimal gelockerte Spannung
- SL: 2–4
- D: >1
- Messerposition: je nach Dicke des Stoffes
- Nähfußdruck: meist Normalposition

Garne

- Overlockgarn, z. B. SERACOR von Mettler, in den Nadeln und dem Greifer
- Bauschgarn, z. B. SERAFLOCK von Mettler, im UG

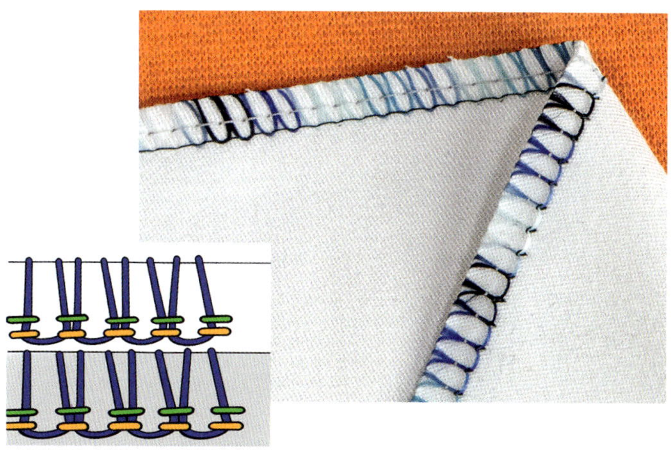

TROUBLESHOOTING

In der Tabelle zeige ich dir verschiedene unerwünschte Nähergebnisse, erläutere dir die Ursachen und zeige Lösungen auf.

Bild	Beschreibung	Ursache	Lösung
	· Stoff kräuselt sich	· Stichlänge LN zu hoch · Differential zu hoch	· Stichlänge verringern · Differential verringern
	· Luftschlaufen	· Messerposition zu weit links, es wird zu viel Stoff abgeschnitten · Stoff wird nicht richtig geführt	· Messer weiter nach rechts stellen · Stoff richtig anlegen und führen
	· Stoff staucht sich in der Naht	· Messerposition zu weit rechts, es wird zu wenig Stoff abgeschnitten bzw. es ist zu viel Stoff in der Naht · Spannung UG zu hoch	· Messer weiter nach links stellen · Spannung UG reduzieren · R deaktivieren
	· Greiferfaden liegt zu locker	· Spannung UG zu locker	· Spannung UG erhöhen
	· Nadelfaden bildet Schlingen und ist von rechts zu sehen	· Spannung Nadelfäden zu locker · falsch eingefädelt	· Spannung Nadelfäden erhöhen · prüfen, ob richtig eingefädelt ist

Flatlocknähte / Flachnähte

Besonders schöne Effekte kannst du mit Flatlocknähten – auch Flachnähte genannt – erzielen. Aus diesem Grund werden wir uns hier etwas ausführlicher mit dieser Art der Naht beschäftigen. Die Flatlocknaht hat zwei Seiten: Auf der einen Seite siehst du die Schlaufen und auf der anderen Seite den Nadelfaden, der wie eine Leiter aussieht und daher auch als Leiterstich bezeichnet wird. Mit einer Flatlocknaht nähst du zwei Stofflagen zusammen, die nach dem Nähen auseinandergezogen werden. Der Stoff liegt somit flach. Oft begegnet mir dabei die Frage, ob das Messer dafür nicht deaktiviert werden muss. Nein, das Messer bleibt aktiv, du nähst ganz normal deine zwei Stofflagen zusammen. Dabei wird durch das Messer eine saubere Schnittkante erzeugt und du kannst die Stoffe dann schön auseinanderziehen. Dieses Auseinanderziehen wird dadurch ermöglicht, dass die Spannung des Nadelfadens deutlich gelockert und die Spannung des Untergreifers erhöht wird. Flachnähte, die mit der linken Nadel genäht werden, also die breite Variante, sind haltbarer als die schmale Variante mit der rechten Nadel. Flatlocknähte sind vor allem für Stoffe geeignet, die nicht stark fransen, also für Jersey, Sweat, French Terry, aber auch für Wäsche. Die Nähte liegen besonders flach und zeichnen sich nicht ab. Besonders gut kommen Flatlocknähte zur Geltung bei Raglanärmeln, Kapuzen, Unterwäsche, Blindsaum, bei flachem Einnähen von Reißverschlüssen und bei flach angenähten Spitzen. Damit die Nähte nicht kratzen, verwende in den Greifern am besten Bauschgarn.

Es gibt Flatlocknähte mit drei Fäden und solche mit zwei Fäden.

Beispiele für den Einsatz von Flatlocknähten

Raglanärmel

Blindsaum

Teilungsnähte und Kapuzen

flach eingenähte Reißverschlüsse

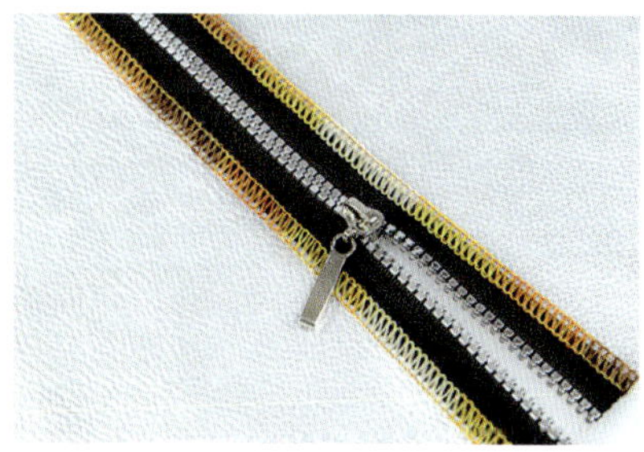

flach angenähte Spitzen

Unterwäsche (Boxershorts)

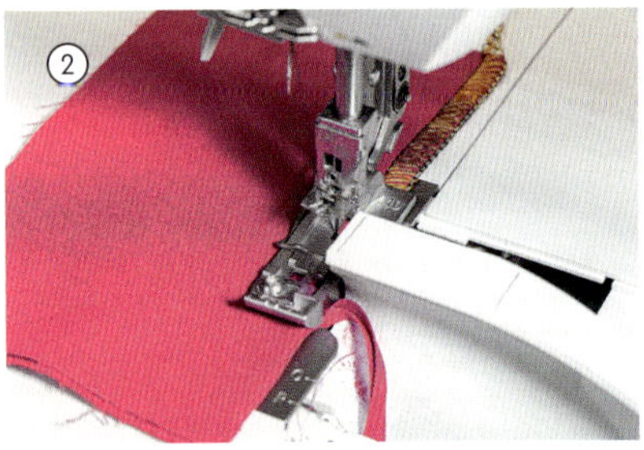

Vorgehen beim Anfertigen einer Flatlocknaht

1. Du legst den Stoff aufeinander. Links auf links, wenn du den Zierstich auf der rechten Seite haben möchtest. Oder rechts auf rechts, wenn der Leiterstich auf der rechten Seite sein soll.
2. Du nähst den Stoff zusammen.
3. So sieht die fertige Naht aus.
4. Du ziehst den Stoff auseinander.
5. Ergebnis

Besonders schöne Effekte erzielst du, wenn du für die Schlaufen im Obergreifer Decorgarne einsetzt. Dafür eignen sich Bauschgarne, z. B. SERAFLOCK von Mettler, Stickgarne, Multicolorgarne oder Metallicgarne. Hier siehst du einige Beispiele:

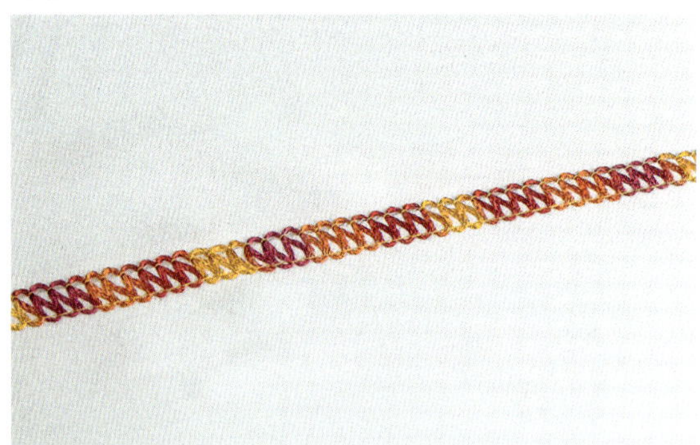

Übersicht Flatlocknähte

Bild	Beschreibung	Verwendung
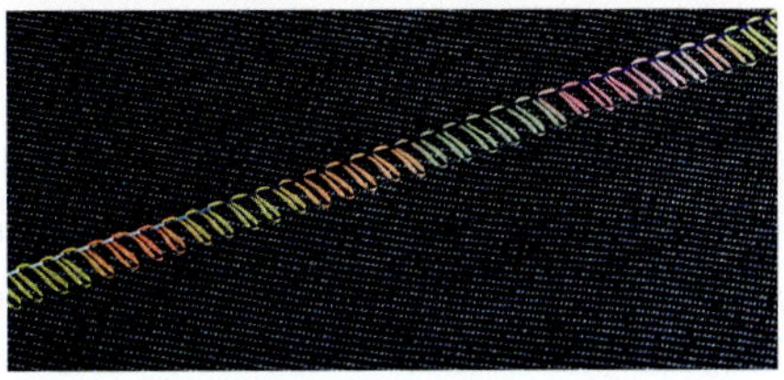	· 3-Faden-Flatlocknaht breit	· für mittelschwere bis schwere nicht fransende Stoffe · für besonders dekorative Zwecke
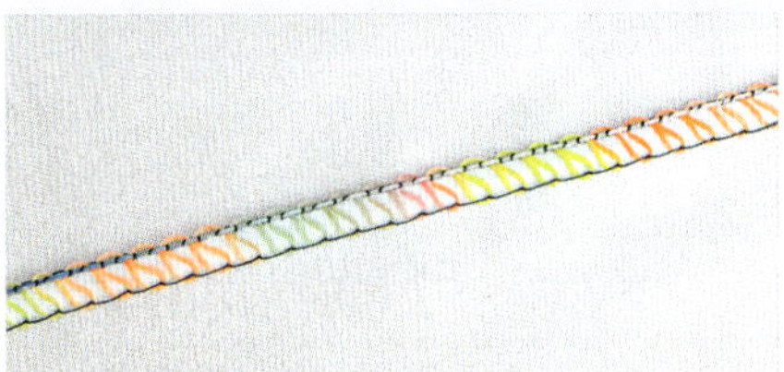	· 3-Faden-Flatlocknaht schmal	· für mittelschwere nicht fransende Stoffe
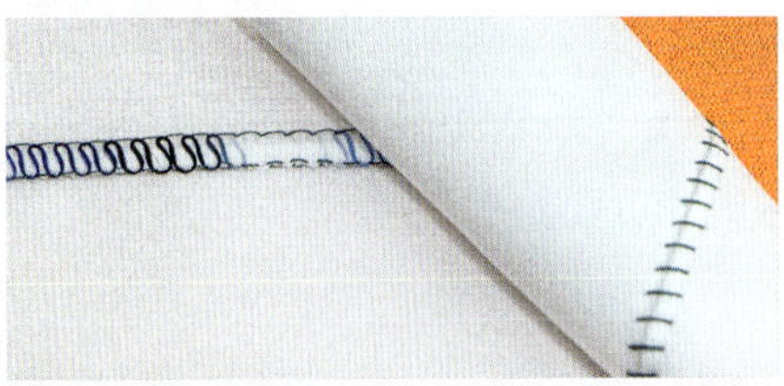	· 2-Faden-Flatlocknaht breit	· für leichte Stoffe mit dekorativen Effekten
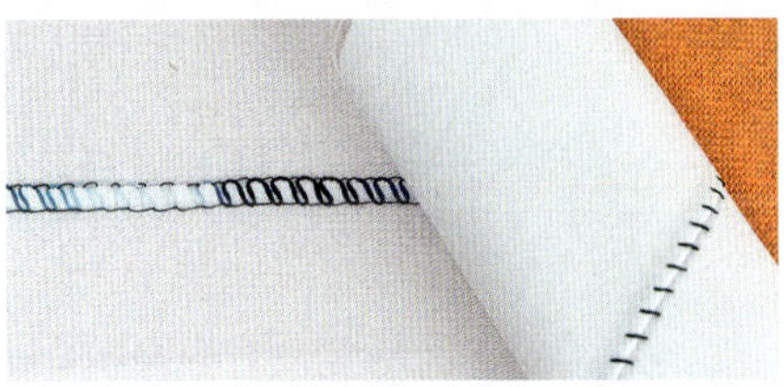	· 2-Faden-Flatlocknaht schmal	· für leichte Stoffe

MERKE!

Sollen die Schlaufen der Flatlocknaht auf der rechten Seite zu sehen sein, nähst du deine Stoffe links auf links zusammen. Möchtest du den Leiterstich auf der rechten Seite haben, nähst du die Stoffe rechts auf rechts zusammen.

TROUBLESHOOTING

In der Tabelle zeige ich dir verschiedene unerwünschte Nähergebnisse, erläutere dir die Ursachen und zeige Lösungen auf.

Bild	Beschreibung	Ursache	Lösung
	· Stoff kräuselt sich	· Stichlänge LN zu hoch · Differential zu hoch	· Stichlänge verringern · Differential verringern
	· Stoff lässt sich nicht schön auseinanderziehen	· Messerposition zu weit rechts, es wird zu wenig Stoff abgeschnitten · Spannung Nadelfaden ist zu hoch · Spannung UG zu niedrig · Stoff ist zu dick	· Messer weiter nach links stellen · Spannung Nadelfaden lockern · Spannung UG erhöhen · dünneren Stoff verwenden
	· Spalt zwischen den beiden Nähten	· Messerposition zu weit links, es wird zu viel Stoff abgeschnitten · Spannung UG zu hoch	· Messer weiter nach rechts stellen, um weniger Stoff abzuschneien · Spannung UG lockern
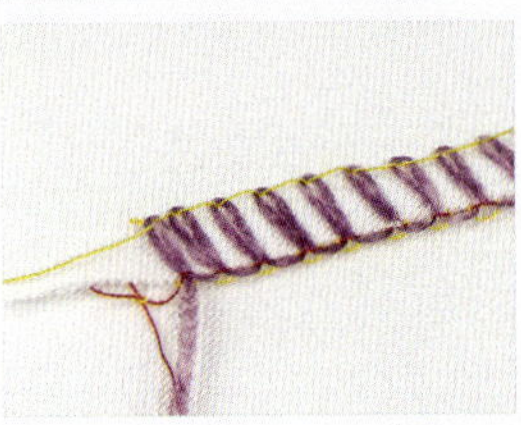	· Naht geht schnell auf	· Verwendung von dicken Decorgarnen	· lange Fadenkette am Beginn und Ende bilden · zum Sichern Beginn und Ende mit der Nähmaschine übernähen

3-Faden-Flatlocknaht breit

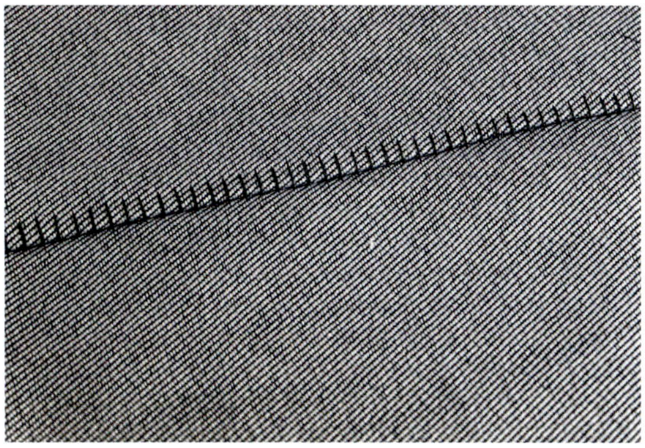

Verwendungszweck

Die 3-Faden-Flatlocknaht kann wie die 4-Faden-Overlocknaht verwendet werden. Sie ist ähnlich stabil, liegt aber flach. Diese Naht nutzt du, wenn du bewusst Dekoeffekte erzielen möchtest.

Einstellungen

Für die genauen Einstellungen lies bitte in der Bedienungsanleitung deiner Maschine nach und teste die Nähte vorher. Die richtigen Spannungen hängen stark vom verwendeten Garn ab. Die Angaben im Handbuch deiner Overlock beziehen sich in der Regel auf ein Standard-Overlockgarn und Webware. Wenn du aber z. B. dicke Garne verwendest, müssen die Spannungen angepasst werden.

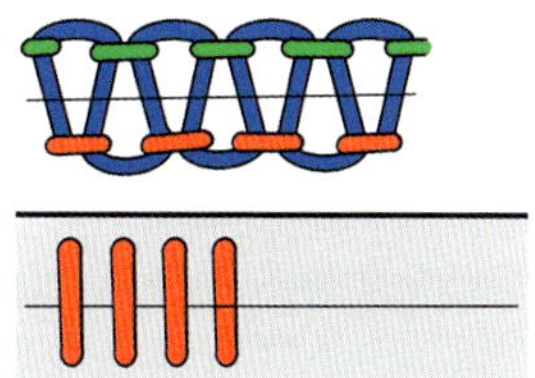

- LN: sehr stark gelockerte Spannung, wenn nötig bis auf 0
- RN: ist entfernt
- OG: ganz leicht gelockerte Spannung. Verwendest du ein sehr dickes Garn, muss die Spannung gegebenfalls auch stark gelockert werden.
- UG: stark erhöhte Spannung
- SL: 2–4 (je dicker das Garn, desto größer die Stichlänge)
- D: 1–2
- Messerposition: je nach Dicke des Stoffes
- Nähfußdruck: meist Normalposition

Garne

- Overlockgarn, z. B. SERACOR von Mettler
- Bauschgarn, z. B. SERAFLOCK von Mettler, in den Greifern
- Metallicgarn in den Greifern und der Nadel
- Multicolorgarn in den Greifern
- Stickgarn in den Greifern

Vergleich breit (oben) und schmal (unten)

3-Faden-Flatlocknaht schmal

Verwendungszweck

Im Vergleich zu der 3-Faden-Flatlocknaht breit ist diese Naht schmaler und fällt nicht so stark auf. Sie ist eher für dünnere Stoffe geeignet.

Einstellungen

- LN: ist entfernt
- RN: stark gelockerte Spannung
- OG: mittlere bis leicht gelockerte Spannung
- UG: stark erhöhte Spannung
- SL: 2–4
- D: 1–2
- Messerposition: je nach Dicke des Stoffes
- Nähfußdruck: meist Normalposition

Garne

- Overlockgarn, z. B. SERACOR von Mettler
- Bauschgarn, z. B. SERAFLOCK von Mettler, in den Greifern
- Metallicgarn in den Greifern und der Nadel
- Multicolorgarn in den Greifern
- Stickgarn in den Greifern

2-Faden-Flatlocknaht breit

Nicht alle Maschinen können eine 2-Faden-Flatlocknaht nähen. Sollte deine Maschine grundsätzlich keine 2-Faden-Nähte machen und auch keine Abdeckung für den Obergreifer haben, so ist diese Naht mit deiner Maschine nicht möglich.

Verwendungszweck

Diese Naht eignet sich zum flachen Verbinden von zwei Stofflagen. Sie bietet sich für eher dünnere Stoffe und für dekorative Zwecke an.

Einstellungen

- LN: stark gelockerte Spannung
- RN: ist entfernt
- OG: mittels Abdeckung deaktiviert
- UG: mittlere bis leicht erhöhte Spannung
- SL: 2–4
- D: 1–2
- Messerposition: je nach Dicke des Stoffes
- Nähfußdruck: meist Normalposition

Garne

- Overlockgarn, z. B. SERACOR von Mettler
- Bauschgarn, z. B. SERAFLOCK von Mettler, im UG
- Metallicgarn in der Nadel und im UG
- Multicolorgarn im UG
- Stickgarn im UG

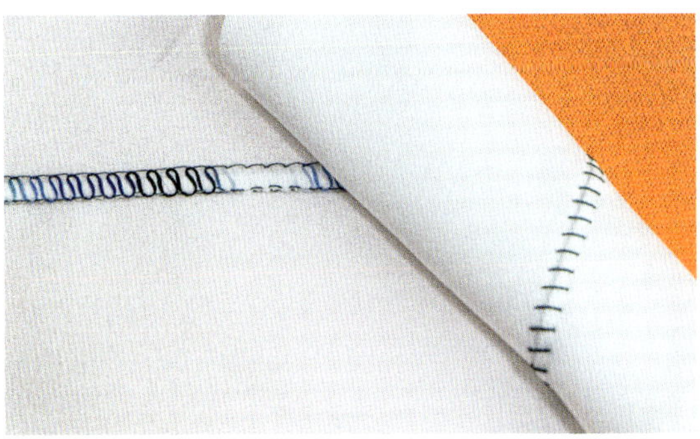

2-Faden-Flatlocknaht schmal

Verwendungszweck

Auch diese Naht eignet sich zum flachen Verbinden zweier Stofflagen und ist für eher dünnere Stoffe und dekorative Zwecke gedacht. Sie ist weniger stabil als die 2-Faden-Flatlocknaht breit und schmaler.

Einstellungen

- LN: ist entfernt
- RN: stark gelockerte Spannung
- OG: mittels Abdeckung deaktiviert
- UG: mittlere bis leicht erhöhte Spannung
- SL: 2–4
- D: 1–2
- Messerposition: je nach Dicke des Stoffes
- Nähfußdruck: meist Normalposition

Garne

- Overlockgarn, z. B. SERACOR von Mettler
- Bauschgarn, z. B. SERAFLOCK von Mettler, im UG
- Metallicgarn in der Nadel und im UG
- Multicolorgarn im UG
- Stickgarn im UG

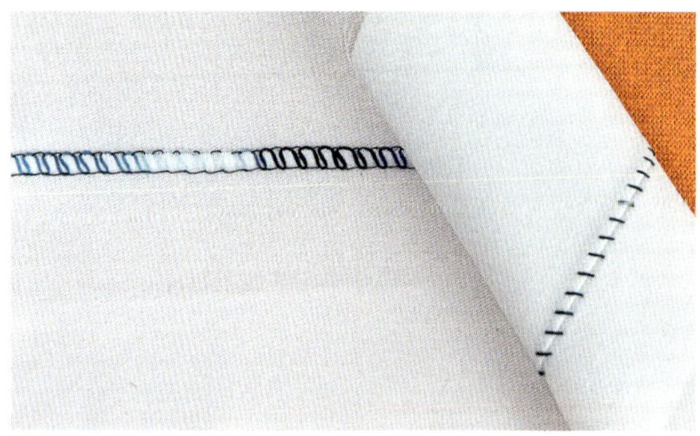

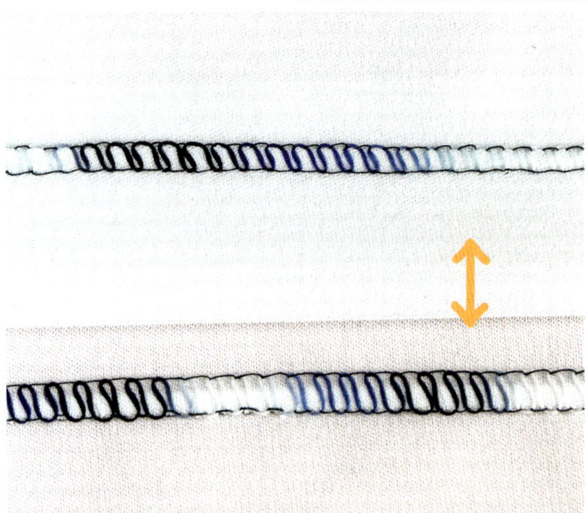

Vergleich schmal (oben) und breit (unten)

3-Faden-Rollnaht

Verwendungszweck

Eine 3-Faden-Rollnaht wird dann verwendet, wenn du zwei Stofflagen besonders schmal miteinander verbinden willst und die 3-Faden-Overlocknaht noch zu breit ist. Sie ist besonders geeignet für dünne und transparente Stoffe, z. B. Seitennähte bei einem Rock aus Chiffon oder Tüll und für Dessous. Du kannst sie außerdem als Saumabschluss nutzen.

Einstellungen

- LN: ist entfernt
- RN: mittlere Spannung
- OG: mittlere Spannung
- UG: mittlere Spannung
- SL: 2–2,5
- D: abhängig vom Stoff
- R: Rollsaum aktiviert
- Messerposition: je nach Dicke des Stoffes; eher etwas weiter rechts
- Nähfußdruck: meist Normalposition

Garne

- Overlockgarn, z. B. SERACOR von Mettler
- Bauschgarn, z. B. SERAFLOCK von Mettler, in den Greifern
- Metalliсgarn in der Nadel und den Greifern
- Multicolorgarn in den Greifern
- Stickgarn in den Greifern

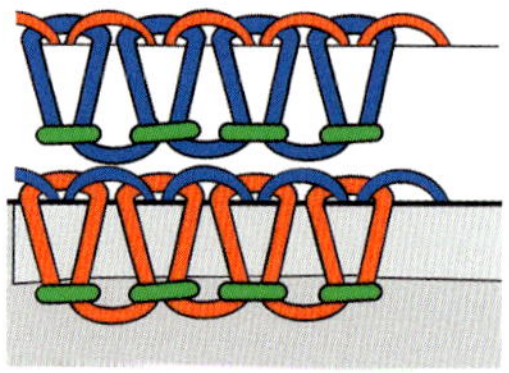

TROUBLE-SHOOTING

In der Tabelle zeige ich dir verschiedene unerwünschte Nähergebnisse, erläutere dir die Ursachen und zeige Lösungen auf.

Bild	Beschreibung	Ursache	Lösung
	· Stoff kräuselt sich	· Stichlänge LN zu hoch · Differential zu hoch	· Stichlänge verringern · Differential verringern
	· Stoff wird nicht eingerollt	· R nicht aktiviert	· R aktivieren
	· Greiferfäden verschlingen nicht auf der Stoffkante · Faden UG auf der Oberseite sichtbar	· Spannung OG zu fest oder Spannung UG zu locker	· Spannung OG lockern oder Spannung UG erhöhen

Roll-Wavesaum der baby lock

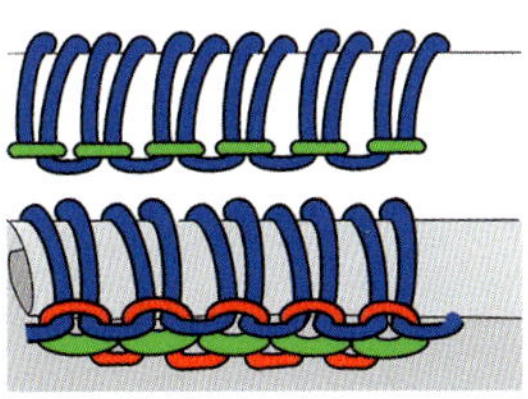

3-Faden-Rollsaum

Verwendungszweck

Der 3-Faden-Rollsaum ist ein Saumabschluss und wird einlagig am Stoff genäht. Er kommt zum Einsatz bei Saumabschlüssen an dünnen bis mittelschweren Stoffen, z. B. bei Kleidern, Röcken, Shirts, Gardinen oder Wäsche. Für schwere Stoffe ist er nicht geeignet.

Als Sonderform des Rollsaumes können mit bestimmten Nähtechniken zudem wunderbare Wellensäume erzeugt werden. Einige Maschinen des Herstellers baby lock bieten auch einen speziellen „Wavesaum" an. Mehr dazu erfährst du ab Seite 97.

Einstellungen

Um einen Rollsaum anzufertigen, muss die Stichzunge, auch Kettelfinger genannt, deaktiviert werden. Dafür gibt es verschiedenen Möglichkeiten. Die meisten Maschinen haben einen entsprechenden Hebel, der die Stichzunge deaktiviert, indem man ihn zu sich zieht. Erst dann kann sich der Stoff beim Nähen einrollen.

Bei einigen einfachen Modellen kann es sein, dass die Stichplatte demontiert werden muss, um die Stichzunge zu entfernen. Lies dazu bitte in deiner Bedienungsanleitung nach.

Wie dicht du den Rollsaum machst, hängt von deinem persönlichen Geschmack ab. Dabei gilt: je kleiner die Stichlänge, desto dichter der Rollsaum. Es gibt hier kein Richtig oder Falsch. Probiere einfach aus und teste, was dir gefällt.

- LN: ist entfernt
- RN: mittlere bis leicht verringerte Spannung
- OG: mittlere Spannung (je dicker das Garn, desto geringer die Spannung)
- UG: mittlere bis stark erhöhte Spannung
- SL: 0,5 – R – 4 (normalerweise SL „R“, aber je dicker das Garn, desto größer die Stichlänge)
- D: abhängig vom Stoff, oft 0,7–1,3
- R: Rollsaum aktiviert
- Messerposition: je nach Dicke des Stoffes; eher etwas weiter rechts
- Nähfußdruck: meist Normalposition

Garne

Der Ziereffekt beim Rollsaum wird durch das Garn im Obergreifer erzeugt. Teste hier am besten verschiedene Garne aus. Mit Bauschgarn z. B. wird die Kante deutlich besser umschlungen und abgeschlossen als mit normalem Overlockgarn. Mit Stickgarnen oder einem schimmernden Baumwollgarn, z. B. SILK-FINISH COTTON von Mettler, erzielst du wunderschöne Glanzeffekte.

① Overlockgarn, z. B. SERACOR von Mettler
② Baumwollgarn, z. B. SILK-FINISH COTTON von Mettler
③ Bauschgarn, z. B. SERAFLOCK von Mettler, im OG
④ Metallicgarn im OG
⑤ Decorgarn, z. B. Madeira Decora Nr. 6

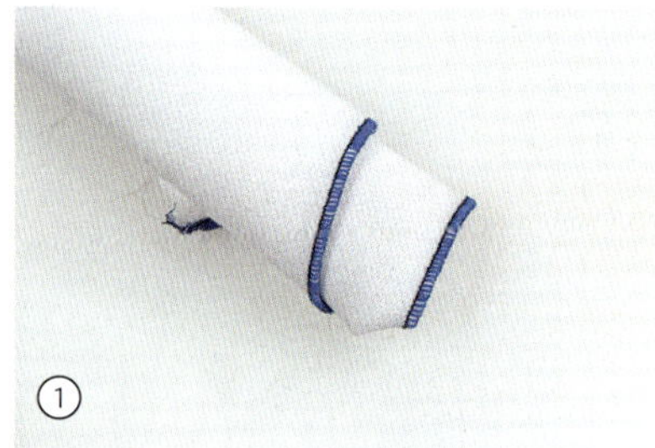

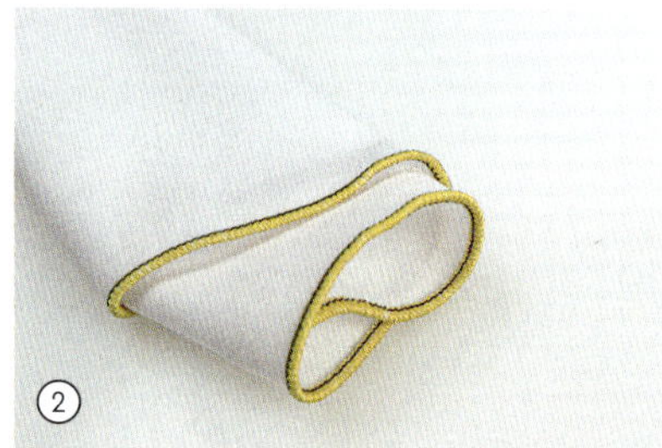

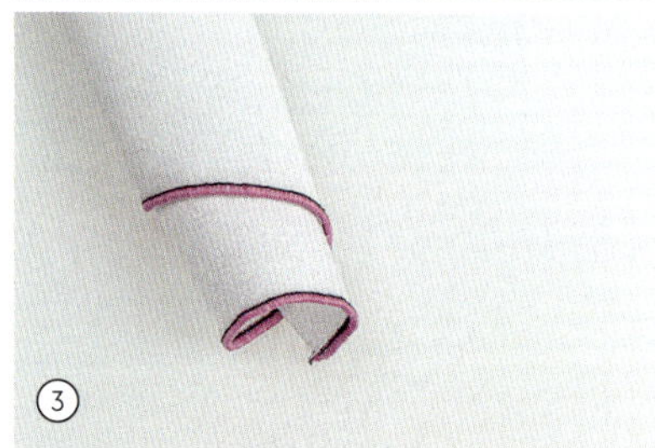

TROUBLESHOOTING

In der Tabelle zeige ich dir verschiedene unerwünschte Nähergebnisse, erläutere dir die Ursachen und zeige Lösungen auf.

Bild	Beschreibung	Ursache	Lösung
	· Naht kräuselt sich	· Differential zu hoch eingestellt · Spannung RN zu hoch · Stichlänge zu groß · Spannung UG zu hoch	· Differential niedriger stellen · Spannung RN lockern · Stichlänge verkürzen · Spannung UG verringern
	· Stoffkante rollt sich gar nicht ein oder nicht genügend	· R nicht aktiviert · Messerposition zu weit links, es wird zu viel Stoff abgeschnitten	· R aktivieren oder Stichzunge entfernen · Messer weiter nach rechts stellen, damit weniger Stoff abgeschnitten wird und der Saum sich besser einrollen kann
	· Knubbel im Saum	· Stichlänge zu klein, sodass der Stoff nicht genug Platz hat · Stoff wird zu sehr gedehnt	· Stichlänge erhöhen · wasserlösliches Vlies, z. B. Avalon, auf den Stoff legen, mitnähen und dann auswaschen; das Vlies stabilisiert den Stoff und verhindert Knubbel
	· R löst sich vom Stoff ab	· Messerposition zu weit links, es wird zu viel Stoff abgeschnitten · Stoff wird falsch geführt	· Messer weiter rechts positionieren · Stoff richtig anlegen und führen

Ideen für den Einsatz von Rollsaum

Beim Nähen eines Rollsaums wird eine dekorative Fadenkette erzeugt. Das kannst du auch gezielt nutzen, um die Fadenkette für andere Projekte zu verwenden, z. B.:

- als Schlaufen zum Aufhängen oder für Knöpfe
- als Schnüre für liebevoll verpackte Geschenke
- als Grundlage zum Basteln von Pompons und Quasten
- als Schnüre zum Aufnähen von Figuren auf Shirts

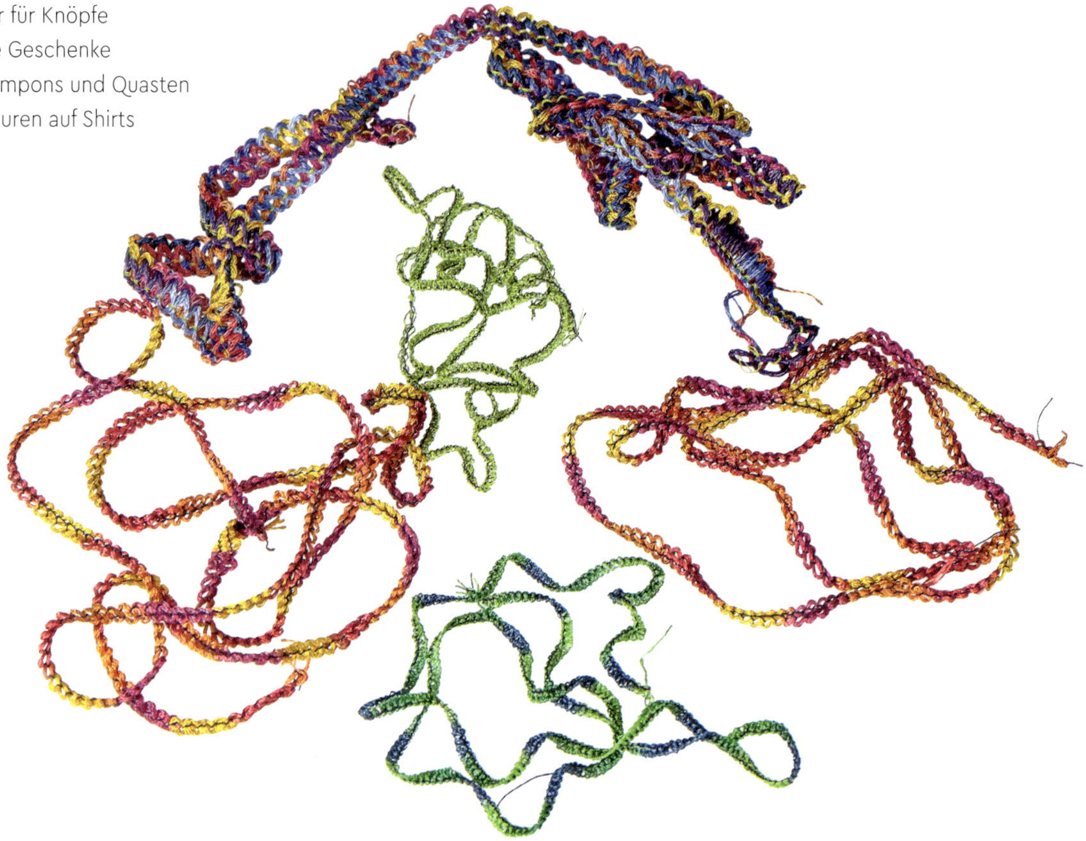

3-Faden-Pikotsaum

Der 3-Faden-Pikotsaum ist eine Variation des Rollsaums, bei der die Stichlänge größer ist und der Faden den Stoff nicht so dicht umschließt.

Verwendungszweck

Der Pikotsaum kommt als Saumabschluss vor und wird einlagig genäht. Du verwendest den Pikotsaum, wenn du ein dezentes Finish erzielen möchtest. Besonders schön kommt er zur Geltung an Schals, Tüchern, Tischwäsche, Gardinen, Kleidern und Wäsche. Arbeite dabei Ton in Ton oder mit kontrastfarbigen Garnen, je nachdem, welche Effekte du erzielen möchtest.

Einstellungen

- LN: ist entfernt
- RN: mittlere bis leicht verringerte Spannung
- OG: mittlere Spannung
- UG: mittlere bis stark erhöhte Spannung
- SL: 2–4 (je dicker das verwendete Garn, desto größer die Stichlänge)
- D: je nach Stoff 0,7–1,3
- R: Rollsaum aktiviert
- Messerposition: je nach Dicke des Stoffes; eher etwas weiter rechts
- Nähfußdruck: meist Normalposition

Garne

Der Ziereffekt beim Pikotsaum wird durch das Garn im Obergreifer erzielt. Dabei steht dir die ganze Palette der Garne zur Verfügung. Du kannst Ton in Ton arbeiten oder mit Kontrastfarben. Für Wäsche und seidige Stoffe empfehle ich dir, glänzendes Stickgarn, z. B. POLY SHEEN® von Mettler, zu verwenden.

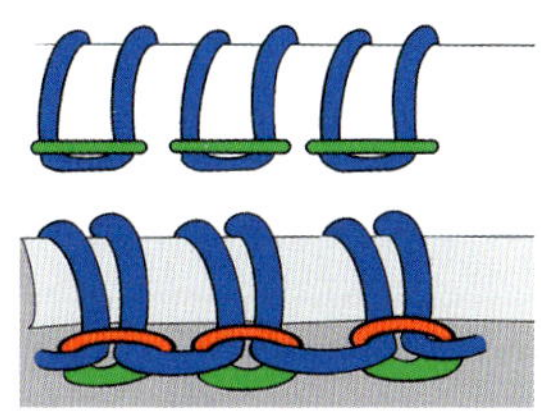

TROUBLESHOOTING

Für das Troubleshooting gelten die gleichen Hinweise wie für den Rollsaum.

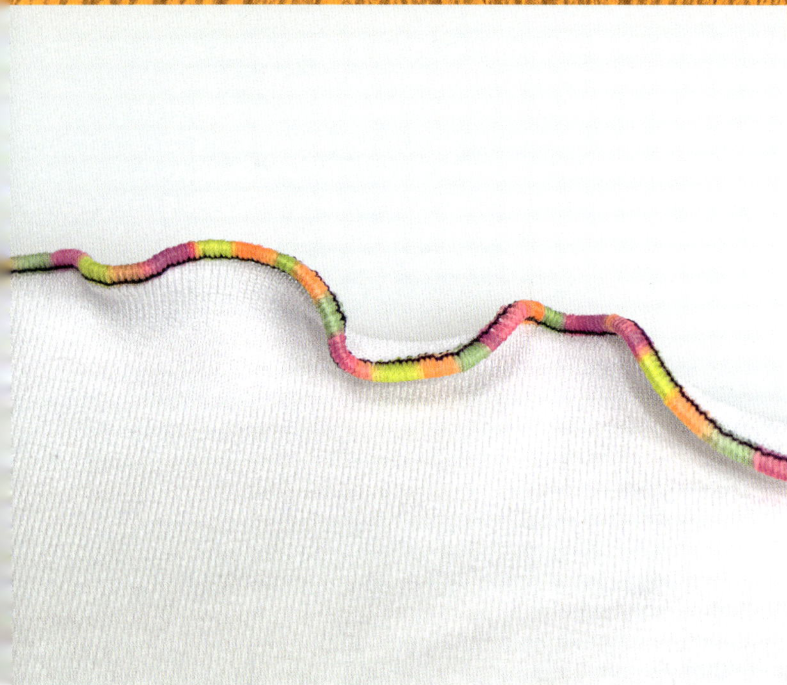

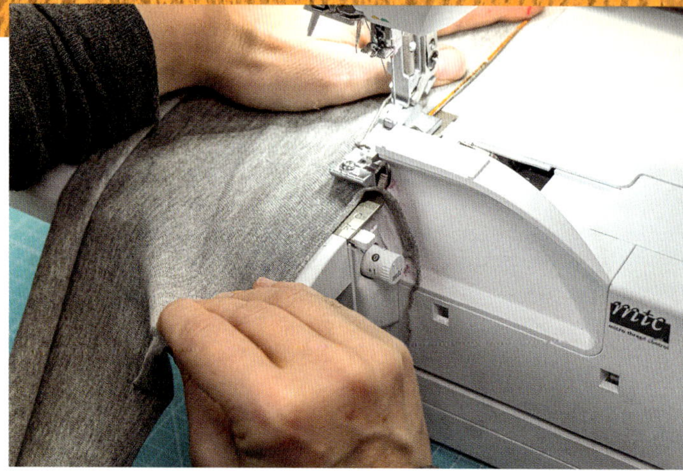

3-Faden-Wellensaum

Der 3-Faden-Wellensaum ist eine Sonderform des 3-Faden-Rollsaums. Er funktioniert ausschließlich auf leichten bis mittelschweren elastischen Stoffen wie Baumwoll- und Viskosejersey. Dieser Saum wird am schönsten, wenn er im rechten Winkel zum Fadenlauf gearbeitet wird.

Verwendungszweck

Der 3-Faden-Wellensaum wird als Saumabschluss an femininer Kleidung oder Dekostücken eingesetzt. Er ist leicht, flatterig und wellig. Du kannst ihn mit farblich passendem Garn oder Kontrastgarn arbeiten. Ich mag den Wellensaum besonders gern mit Stickgarn, weil er dann so schön glänzend wird.

Einstellungen

Beim Wellensaum wollen wir genau das erreichen, was wir sonst versuchen zu vermeiden: Wir wollen den Stoff überdehnen, damit er schön flatterige Wellen schlägt. Dies können wir erreichen, indem wir das Differential auf einen niedrigen Wert einstellen (<1) und indem wir den Stoff beim Nähen dehnen. Denk daran, eine Stretchnadel zu verwenden, da du ja mit Maschenware arbeitest.

- LN: ist entfernt
- RN: mittlere bis leicht verringerte Spannung
- OG: mittlere Spannung
- UG: mittlere bis stark erhöhte Spannung
- SL: 0,5 – R – 4 (je dicker das verwendete Garn, desto größer die Stichlänge
- D: <1
- R: Rollsaum aktiviert
- Messerposition: je nach Dicke des Stoffes; eher etwas weiter rechts
- Nähfußdruck: meist Normalposition

Garne

Auch hier wird der Ziereffekt wie beim Rollsaum durch das Garn im Obergreifer erzeugt. Dir steht wie beim normalen Rollsaum die ganze Palette der Garne zur Verfügung. Probiere einfach aus, was dir gefällt.

Vorgehensweise beim Nähen

Du möchtest die Stoffkante beim Nähen dehnen, nicht aber den ganzen Stoff. Achte also genau darauf, dass du nur die Kante dehnst.

Platziere den Stoff wie beim Rollsaum unter der Maschine und nähe. Halte dabei den Stoff vor und nach dem Nähfuß gedehnt. Achte dabei aber darauf, dass du nicht gegen die Maschine arbeitest. Dies würde zu einem ungleichmäßigen Stichbild und im schlimmsten Fall zum Nadelbruch führen.

Troubleshooting

Für detailliertes Troubleshooting lies im Kapitel zum Rollsaum auf Seite 91 nach.

Sollte dein Stoff sich nicht genug wellen, kann dies zudem folgende Ursachen haben:

- Der Stoff ist nicht geeignet.
- Du hast zu wenig gedehnt.
- Das Differential ist zu hoch eingestellt.

SONDERFALL: 3-Faden-Wavesaum der Marke baby lock

Einige Modelle des Herstellers baby lock können einen tollen Wavesaum erzeugen, z. B. die baby lock enlighten. Dabei wird in regelmäßigen Abständen der Faden des Untergreifers auf die Oberseite gezogen und es entsteht ein Wellenmuster. Dafür ändert die Maschine die automatische Spannung immer nach einer bestimmten Stichanzahl.

Besonders schön wird das Ergebnis, wenn du in den Greifern mit Spezialgarnen arbeitest. Du kannst dafür Bauschgarne, Metallicgarne, Decorgarne oder Stickgarne verwenden. Wenn die Garne für die Lufteinfädelung zu dick oder rutschig sind, schau dir noch mal das Kapitel zum Thema Einfädeln an.

Der Wavesaum kann folgendermaßen eingesetzt werden:

Bild	Name	Verwendung
	**Wave-Overlocknaht**	· als Ziernaht, wo Nähte sichtbar sind
	**Wave-Rollsaum**	· als Saumabschluss an Kleidern, Röcken, Shirts
	**Wave-Flatlocknaht**	· zum dekorativen Verbinden von Stoffen, z. B. bei Raglanärmeln oder als Teilungsnähte

Einstellungen

Für die genaue Vorgehensweise zum Einstellen der Maschine schau bitte in deinem Handbuch nach. Insbesondere ist darauf zu achten, dass sich der Einfädelweg ändert und die Maschine auf ein Wave-Programm umgestellt werden muss.

Zum richtigen Einstellen sind unbedingt Testnähte erforderlich. Spiele auch hier mit verschiedenen Stichlängen und schau, was dir gefällt.

Garne

① Overlockgarn, z. B. SERACOR von Mettler
② Bauschgarn (gern auch mit Farbverlauf) im OG
③ Metallicgarn im OG
④ Multicolorgarn im OG
⑤ Stickgarn in den Greifern und der Nadel

EXKURS

Rollnähte und Rollsäume im Vergleich

In meinen Kursen stelle ich immer wieder fest, dass es häufig Verwirrung in Bezug auf die verschiedenen Rollsäume und -nähte gibt, daher hier eine kleine Übersicht:

Bild	Name	Verwendung	Besonderheit
	**3-Faden-Rollnaht**	· zum Zusammennähen zweier Stofflagen mit besonders schmaler Naht, z. B. an Dessous oder als Saum	· Faden von OG und UG sind zu sehen
	**3-Faden-Rollsaum**	· Finish für Seidenschals, Rüschen, Wäsche, Kleidersäume, Servietten	· kurze Stichlänge, nur Faden OG ist zu sehen
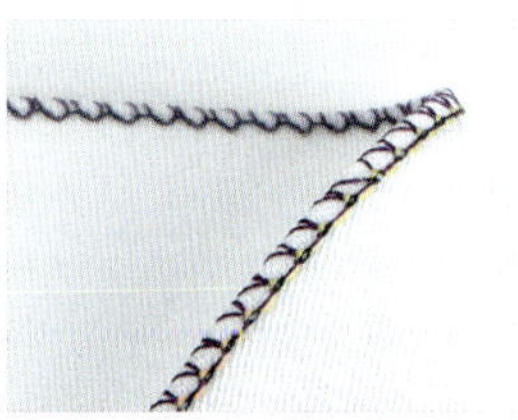	**3-Faden-Pikotsaum**	· Finish für Abendkleidung, festliche Kleidung, Servietten	· größere Stichlänge als R
	**3-Faden-Wellensaum**	· Finish für Kleider und Röcke · nur für elastische Stoffe	· Stoff wird beim Nähen gedehnt
	**3-Faden-Wavesaum**	· für dekorative Zwecke	· besonderer Saum der Firma baby lock

EXKURS
2-Faden-Nähte

Nicht alle Overlockmodelle können 2-Faden-Nähte herstellen, denn dafür muss der Obergreifer deaktiviert werden und das ist nicht bei jeder Maschine möglich. Die Deaktivierung erfolgt durch eine spezielle Obergreiferabdeckung, die auch Konverter genannt wird. Bei den meisten Maschinen liegt die Abdeckung separat bei und wird auf den Obergreifer aufgesetzt.

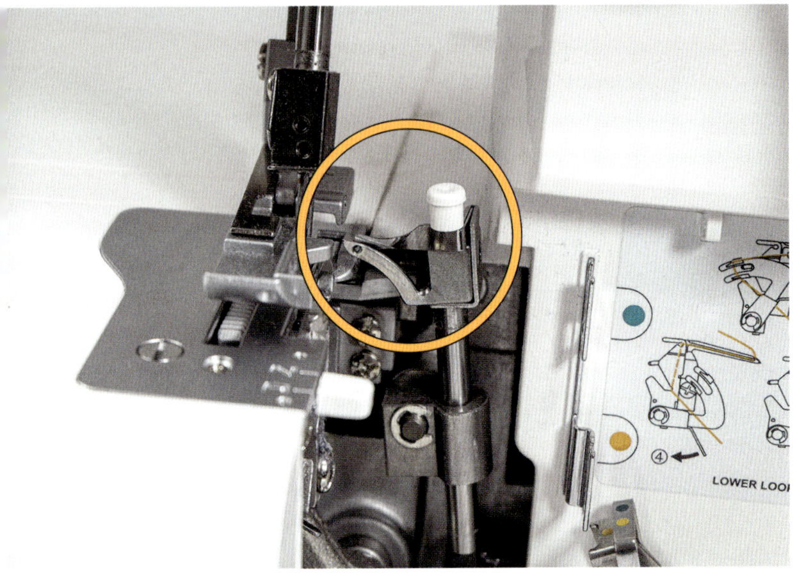

Separate Obergreiferabdeckung

Es gibt aber auch Modelle, bei denen die Abdeckung fest am Obergreifer montiert ist und einfach nur umgeklappt wird.
Lies dazu bitte in der Bedienungsanleitung deiner Overlock nach.

Fest montierte Obergreiferabdeckung

BEACHTE!

Bevor du die Abdeckung aufsetzt, entferne das Garn aus dem Obergreifer. Achte darauf, dass die Abdeckung fest auf dem Obergreifer sitzt und der kleine Widerhaken sicher in das Öhr des Obergreifers eingerastet ist.

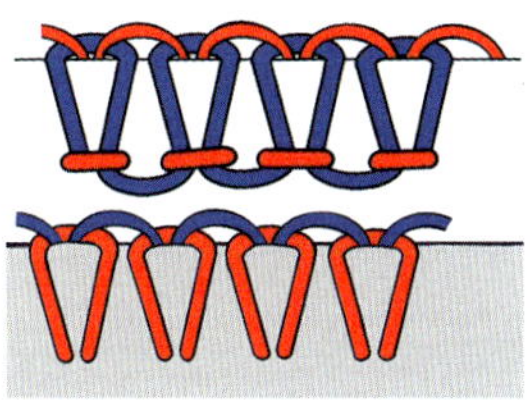

2-Faden-Overlocknaht breit

Verwendungszweck

Diese Naht ist zum Versäubern leichter Stoffe gedacht. Dies kann einlagig oder doppellagig erfolgen. **Achtung:** Diese Naht lässt sich auseinanderziehen und bildet keine stabile Naht! Sie ist also wirklich nur zum Versäubern geeignet.

Einstellungen

- LN: leicht gelockert
- RN: ist entfernt
- OG: mittels Abdeckung deaktiviert
- UG: mittlere Spannung
- SL: 2–3
- D: 0,5–1, je nach Stoff
- R: Rollsaum nicht aktiv
- Messerposition: meist mittlere Position
- Nähfußdruck: meist Normalposition

Garn

- Overlockgarn, z. B. SERACOR von Mettler
- Bauschgarn, z. B. SERAFLOCK von Mettler, im UG

Da es sich um eine Versäuberungsnaht handelt, kommen hier Ziergarne eigentlich nicht zum Einsatz, können aber grundsätzlich verwendet werden.

TROUBLESHOOTING

In der Tabelle zeige ich dir verschiedene unerwünschte Nähergebnisse, erläutere dir die Ursachen und zeige Lösungen auf.

Bild	Beschreibung	Ursache	Lösung
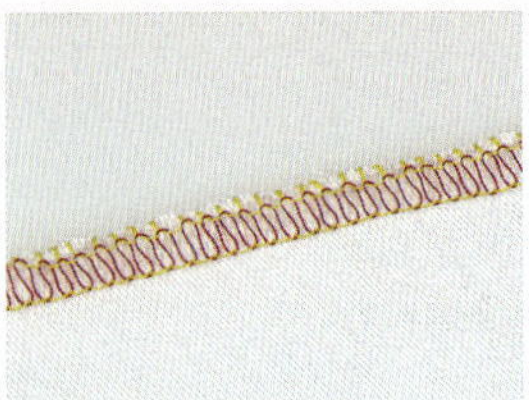	· Faden UG ist auf der Oberseite zu sehen	· Spannung UG zu niedrig · Spannung Nadel zu fest · falsch eingefädelt	· Spannung UG erhöhen · Spannung Nadelfaden lockern · prüfen, ob richtig eingefädelt ist
	· Faden UG reicht nicht bis an die Stoffkante	· Spannung UG zu hoch · Spannung Nadelfaden zu niedrig · falsch eingefädelt	· Spannung UG senken · Spannung Nadelfaden erhöhen · prüfen, ob richtig eingefädelt ist
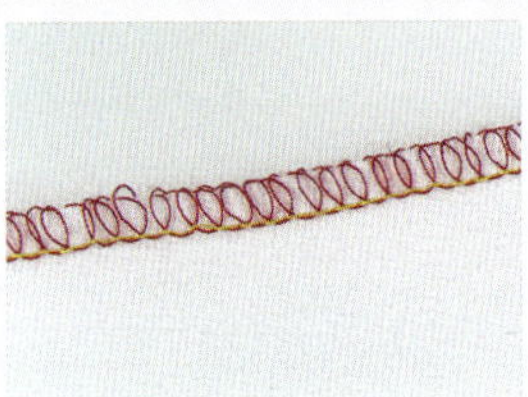	· Luftschlaufen	· Messerposition zu weit links, es wird zu viel Stoff abgeschnitten	· Messer weiter nach rechts stellen, damit weniger Stoff abgeschnitten wird
	· Stoff wird in der Naht gestaucht	· Messerposition zu weit rechts, es wird zu wenig Stoff abgeschnitten	· Messerposition weiter nach links stellen, damit mehr Stoff abgeschnitten wird
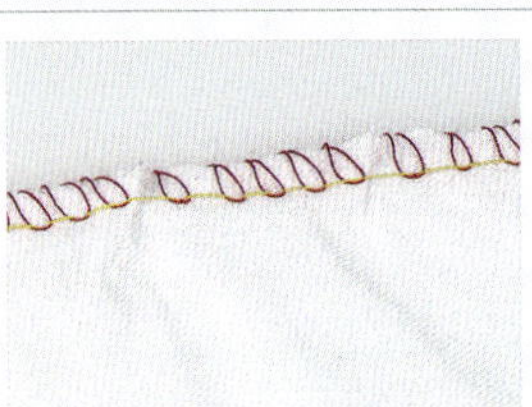	· Stoff kräuselt sich	· Stichlänge zu groß · Differential zu hoch eingestellt	· Stichlänge verkürzen · Differential niedriger stellen

2-Faden-Overlocknaht schmal

Verwendungszweck

Diese Naht eignet sich zum Versäubern leichter Stoffe. Dies kann einlagig oder doppellagig erfolgen. **Achtung:** Diese Naht lässt sich auseinanderziehen und bildet keine stabile Naht! Sie ist also wirklich nur zum Versäubern gedacht.

Einstellungen

- LN: ist entfernt
- RN: leicht gelockert
- OG: mittels Abdeckung deaktiviert
- UG: mittlere Spannung
- SL: 2–3
- D: 0,5–1, je nach Stoff
- R: Rollsaum nicht aktiv
- Messerposition: meist mittlere Position
- Nähfußdruck: meist Normalposition

Garn

- Overlockgarn, z. B. SERACOR von Mettler
- Bauschgarn, z. B. SERAFLOCK von Mettler, im UG

Da es sich hier um eine Versäuberungsnaht handelt, kommen Ziergarne eigentlich nicht zum Einsatz, können aber grundsätzlich verwendet werden.

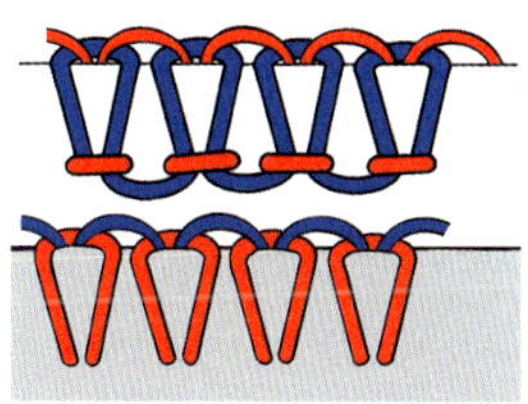

TROUBLESHOOTING

Bei Problemen gelten die gleichen Lösungen wie bei der 2-Faden-Overlocknaht breit.

2-Faden-Kantenumschlinger breit

Verwendungszweck

Diese Naht wird für dekorative leichte Saumabschlüsse an leichten Stoffen eingesetzt. Der Faden des Untergreifers wird dabei über die Kante geschlungen, z. B. bei Wäsche, Chiffon, Schals ...

Einstellungen

- LN: erhöhte Spannung
- RN: ist entfernt
- OG: mittels Abdeckung deaktiviert
- UG: leicht gelockert
- SL: 2–3
- D: 0,5–1, je nach Stoff
- R: Rollsaum nicht aktiv
- Messerposition: meist mittlere Position
- Nähfußdruck: meist Normalposition

Garn

- Overlockgarn, z. B. SERACOR von Mettler
- Bauschgarn, z. B. SERAFLOCK von Mettler, im UG
- Ziergarn, z. B. Stickgarn, im UG

Hier bieten sich besonders Ziergarne im Untergreifer an, da dieser Faden die Kante umschlingt und somit sichtbar ist.

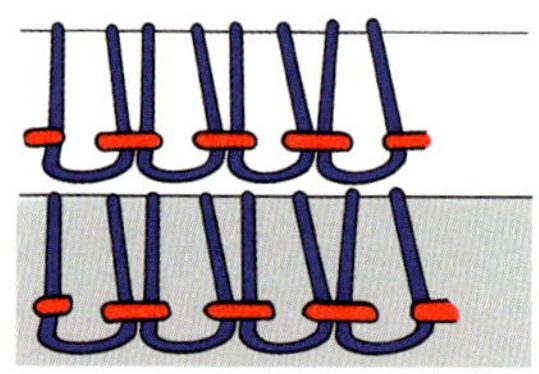

TROUBLESHOOTING

In der Tabelle zeige ich dir verschiedene unerwünschte Nähergebnisse, erläutere dir die Ursachen und zeige Lösungen auf.

Bild	Beschreibung	Ursache	Lösung
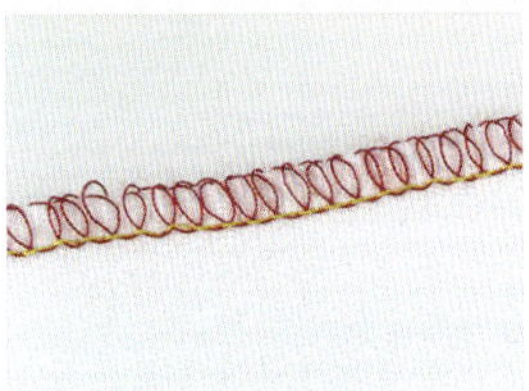	· Luftschlaufen	· Messerposition zu weit links, es wird zu viel Stoff abgeschnitten	· Messer weiter nach rechts stellen, damit weniger Stoff abgeschnitten wird
	· Stoff wird in der Naht gestaucht	· Messerposition zu weit rechts, es wird zu wenig Stoff abgeschnitten	· Messerposition weiter nach links stellen, damit mehr Stoff abgeschnitten wird
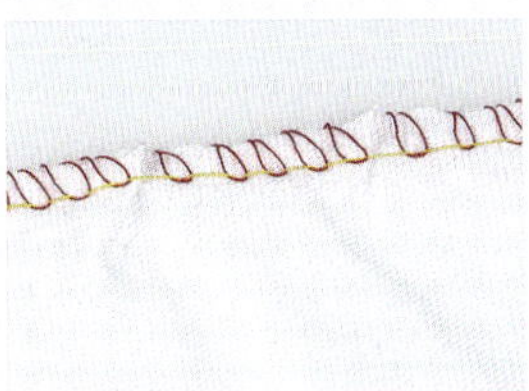	· Stoff kräuselt sich	· Stichlänge zu groß · Differential zu hoch eingestellt	· Stichlänge verkürzen · Differential niedriger stellen
	· Faden UG umschlingt die Stoffkante nicht vollständig	· Spannung Nadelfaden zu niedrig · Spannung UG zu hoch	· Spannung Nadelfaden erhöhen · Spannung UG verringern

2-Faden-Kantenumschlinger schmal

Verwendungszweck

Diese Naht produziert dekorative zarte Saumabschlüsse an leichten Stoffen und ist dabei noch schmal. Der Faden des Untergreifers wird dabei über die Kante geschlungen. Damit lassen sich noch dünnere Stoffe verarbeiten als mit dem 2-Faden-Kantenumschlinger breit.

Einstellungen

- LN: ist entfernt
- RN: erhohte Spannung
- OG: mittels Abdeckung deaktiviert
- UG: leicht gelockert
- SL: 2–3
- D: 0,5–1, je nach Stoff
- R: Rollsaum nicht aktiv
- Messerposition: meist mittlere Position
- Nähfußdruck: meist Normalposition

Garn

- Overlockgarn, z. B. SERACOR von Mettler
- Bauschgarne, z. B. SERAFLOCK von Mettler, im UG
- Ziergarn, z. B. Stickgarn, im UG

Hier bieten sich besonders Ziergarne im Untergreifer an, da dieser Faden die Kante umschlingt und somit sichtbar ist.

TROUBLESHOOTING

Das Troubleshooting entspricht dem des 2-Faden-Kantenumschlingers breit.

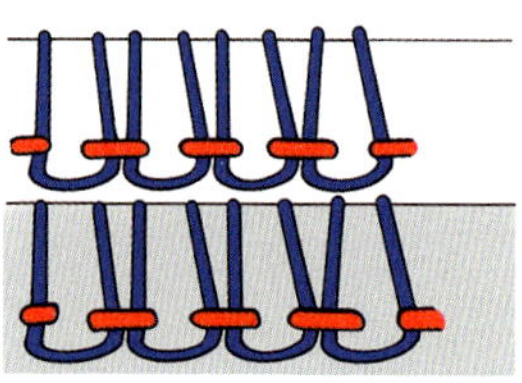

2-Faden-Rollsaum

Verwendungszweck

Dieser Saum wird für dekorative Saum- und Kantenabschlüsse an leichten Stoffen verwendet, z. B. an Schals, Servietten, Taschentüchern, Wäsche oder Gardinen. Er wird ähnlich wie der 3-Faden-Rollsaum eingesetzt, allerdings an feineren Stoffen. Arbeite dabei mit Ziergarnen Ton in Ton oder auf Kontrast.

Einstellungen

- LN: ist entfernt
- RN: mittlere Spannung
- OG: mittels Abdeckung deaktiviert
- UG: leicht gelockert
- SL: 0,5 – R – 1,5
- D: 0,5–1, je nach Stoff
- R: Rollsaum aktiv
- Messerposition: meist mittlere Position
- Nähfußdruck: meist Normalposition

Garn

- Overlockgarn, z. B. SERACOR von Mettler
- Bauschgarn, z. B. SERAFLOCK von Mettler, im UG
- Ziergarn, z. B. Stickgarn oder Metallicgarn, im UG

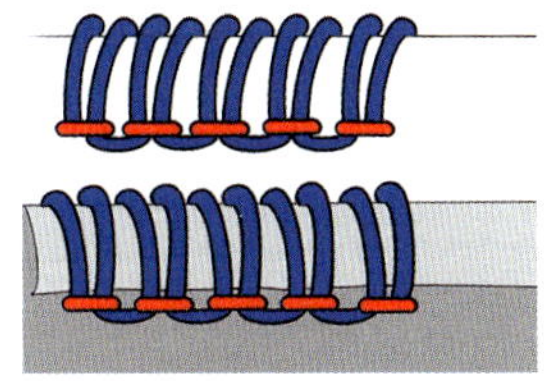

TROUBLESHOOTING

In der Tabelle zeige ich dir verschiedene unerwünschte Nähergebnisse, erläutere dir die Ursachen und zeige Lösungen auf.

Bild	Beschreibung	Ursache	Lösung
	· Naht kräuselt sich	· Differential zu hoch eingestellt · Spannung RN zu hoch · Stichlänge zu groß · Spannung UG zu hoch	· Differential auf einen kleineren Wert einstellen · Spannung RN lockern · Stichlänge verkürzen · Spannung UG verringern
	· Stoffkante rollt sich gar nicht oder nicht genügend ein	· R nicht aktiviert	· Hebel für R aktivieren oder Stichzunge entfernen

5. GARNE FÜR DIE OVERLOCK

- Grundlagen
- Garnübersicht
- Spulen richtig aufsetzen

Grundlagen

Mit der Overlock kannst du viele verschiedene Garne verarbeiten. Meist kommen hier viel mehr Garne zum Einsatz als bei der Nähmaschine. Kaufe für die Overlock sowie für alle deine Nähmaschinen ausschließlich hochwertige Garne. Diese sind in der Regel besser verarbeitet, fusseln weniger, reißen deutlich seltener und sorgen so für ein besseres Nähergebnis und weniger Stress beim Nähen. In der Regel wird die Garnstärke heute in No. 120, 100, 40 und 6 angegeben. **Dabei gilt: je kleiner die Zahl, desto dicker das Garn.** Ein typisches Overlockgarn hat eine Stärke von No. 120, ein Universalnähgarn für die Nähmaschine meist No. 100.
Die Stärke der verwendeten Nadel richtet sich nach der Garnstärke. Je dicker das Garn ist, desto dicker muss die Nadel sein.
Im Folgenden erhältst du eine Übersicht über die wichtigsten Garne, die du in der Overlock verwenden kannst.

Garnübersicht

Bezeichnung	Bild	Verwendung	wo eingefädelt	Bemerkung
Overlockgarn, z. B. SERACOR von Mettler		· alle Nähte	· LN / RN / OG / UG	· kostengünstig und strapazierfähig
Universalgarn, z. B. SERALON® von Mettler		· alle Nähte	· LN / RN / OG / UG	· besonders viele Farben verfügbar · teurer als Overlockgarn · nur kleine Spulen

Bezeichnung	Bild	Verwendung	wo eingefädelt	Bemerkung
Bauschgarn, z. B. SERAFLOCK von Mettler		· alle Nähte	· UG / OG	· für besonders weiche Nähte, die nicht kratzen
Metallicgarn		· Ziereffekte an Säumen	· UG / OG	· Nähte kratzen und sollten nicht auf der Haut liegen
Stickgarn, z. B. von Rayon		· Ziereffekte bei Säumen und Flatlocknähten	· Hauptsächlich in OG / UG, aber auch LN / RN	· ergibt glänzende Nähte
Decorgarn, z. B. Decora Nr. 12 und 6		· Ziereffekte bei Säumen und Flatlocknähten	· OG / UG	· Nähte wirken dicker und erzielen dadurch einen Ziereffekt · Spannung lockern und große Stichlänge nutzen
Baumwollgarn, z. B. SILK-FINISH COTTON von Mettler		· alle Nähte	· LN / RN / UG / OG	· verschiedene Stärken erhältlich
Multicolorgarn		· Ziereffekte bei Flatlocknähten und Saumabschlüssen	· OG / UG	· Multicolorgarne gibt es in den verschiedensten Garnarten, z. B. als Bauschgarn, Stickgarn, Universalgarn, Decorgarn

Interview mit Mettler®

Besuche gerne unsere Mettler-Plattformen
und lerne unsere Garne noch näher kennen:

- www.amann-mettler.com
- @mettler_thread
- @AmannGroupMettler
- @AmannGroupMettler

Unsere digitale Sortimentsbroschüre gibt
einen Überblick über alle Mettler-Produkte

Wer steckt hinter der kunterbunten Welt der Mettler-Garne?

Wir sind ein internationaler Hersteller für qualitativ hochwertige Nähgarne und bieten mit unserer Marke Mettler alles, was das Herz passionierter Näherinnen und Näher begehrt. Gegründet wurde Mettler 1883 in der Schweiz und seit nunmehr über 30 Jahren sind wir Teil der Amann Group mit Sitz in Deutschland, nahe Stuttgart. Mit unserem umfangreichen Sortiment an hochwertigen Garnen sind wir in über 40 Ländern der Welt vertreten.

Wie macht ihr Näh- und Stickenthusiastinnen glücklich?

Wir bieten dir für all deine Projekte das passende Garn – egal ob zum Nähen, Sticken, Quilten oder Overlocken – unsere große Auswahl an synthetischen und natürlichen Garnen in verschiedenen Farben, Aufmachungen und Stärken werden dich auf voller Länge überzeugen. Unsere Mettler-Garne werden in höchster Verarbeitungsqualität produziert und bieten eine hervorragende Reißfestigkeit, Scheuerbeständigkeit und optimale Dehnung. So macht Handarbeiten Spaß!

Welche Garne könnt ihr zum Overlocken empfehlen?

Mettler hat drei verschiedene Typen an Overlockgarnen aus jeweils 100 % Polyester im Sortiment: unser Allrounder SERACOR für all deine klassischen Overlock-Arbeiten; das extra feine Multifilament SERALENE für kaum sichtbare Nähte auf leichten Stoffen und unser Bauschgarn SERAFLOCK für besonders weiche, deckende Versäuberungsarbeiten. Unsere Overlockgarne kommen alle auf praktischen Miniking-Spulen mit Schnappverschluss, welcher das Fadenende fixiert, sobald das Garn nicht mehr benötigt wird. SERACOR erhältst du zusätzlich auch als große Konen-Aufmachung.

Wofür eignen sich diese Garne am besten?

Der Klassiker unter den Mettler-Overlockgarnen SERACOR zaubert dank hervorragender Nahtelastizität und einer filigranen Optik einwandfreie Versäuberungs- und Ziernähte für deine Arbeiten. Dieses Garn lässt sich auf diversen Stoffen verarbeiten und ist bei uns daher als das „Allrounder-Overlockgarn" sehr beliebt. Wenn die Nähte etwas feiner werden sollen, ist SERALENE die richtige Wahl. Dieses Garn ist ideal als Nadel- und Greiferfaden für hochwertige Versäuberungen, Blindstich- und Staffierungsarbeiten geeignet; dank der feinen und gleichzeitig reißfesten Beschaffenheit gelingen jedoch auch Monogrammstickereien und feine Stickdetails hervorragend damit. Unser bauschiges SERAFLOCK eignet sich am besten für Versäuberungs- und Schließnähte bei besonders elastischen Stoffen, Strick- und Wirkwaren. Dank der bauschigen Fadenstruktur ist das Garn perfekt, um offene Nahtkanten von leicht fransenden Materialien gut und sicher abzudecken und eine für die Haut besonders angenehme Naht zu nähen – perfekt also für Unterwäsche, Gymnastik- oder Badebekleidung. Was mit Seraflock auch ganz wunderbar funktioniert, sind dekorative und enorm bequeme Flatlocknähte! Besonders bei Wäsche dürfen die Nähte nicht reiben und auftragen – die Flatlocknaht ist hierfür also perfekt geeignet. Wenn man die Greiferfäden dann noch durch das Bauschgarn Seraflock ersetzt, wird die Naht besonders weich.

Tipp für besonders bunte Versäuberungsnähte?

Einen besonders schönen Effekt ergeben Versäuberungsnähte, bei denen man SERACOR als Nadelfaden und unser mehrfarbiges Baumwollgarn SILK-FINISH COTTON MULTI 50 als Greiferfaden verwendet. Diese Kombination ergibt besonders schöne dekorative Nähte; probiere es doch mal aus!

Overlockgarn, z. B. SERACOR von Mettler

Für die Overlock gibt es spezielle Overlockgarne. Diese weisen eine Stärke von No. 120 auf und sind somit etwas dünner als ein Universalnähgarn mit einer typischen Stärke von No. 100.
Overlockgarne bestehen meist zu 100 % aus Polyester, sind besonders robust und halten den hohen Belastungen mit der Overlock gut stand. Es gibt sie in vielen verschiedenen Farben. Sie sind als Spulen oder Konen mit einer Lauflänge von 1000 m, 2500 m, 5000 m und 10.000 m erhältlich. Ich empfehle dir für deine Näharbeiten ein hochwertiges Overlockgarn, z. B. SERACOR von Mettler. Verwende in Kombination mit normalem Overlockgarn Nadeln der Stärke 80 oder 90.

EXKURS

Welche Farben benötige ich?

Natürlich gibt es auch beim Overlockgarn viele verschiedene Farben. Sich allerdings von jeder Farbe vier Konen zu kaufen, ist nicht nur kostspielig, sondern auch sehr platzintensiv. Ich empfehle dir daher für den Beginn folgende Auswahl:

- **Weiß** für alle Arbeiten mit weißen Stoffen
- **Schwarz** für alle Arbeiten mit schwarzen, dunkelgrauen und dunkelblauen Stoffen
- **Mittelgrau** für alle anderen Farben

Warum ein Mittelgrau für alle anderen Farben? Ein graues Garn reflektiert das Licht viel weniger als ein weißer Faden – somit ist die Naht in Mittelgrau von der rechten Stoffseite deutlich weniger sichtbar als mit einem weißen Faden.
Soll es aber doch Ton in Ton sein, so kannst du als linken Nadelfaden auch gern ein Universalnähgarn in einer leicht dunkleren Nuance als die Farbe deines Stoffes verwenden.

Universalnähgarn, z. B. SERALON® von Mettler

Du kannst in jeder Overlock auch das ganz normale Universalnähgarn deiner Nähmaschine verwenden. Dies hat den Vorteil, dass es in sehr vielen verschiedenen Farben erhältlich ist und du meist schon einen Grundstock zu Hause hast.
Universalnähgarn ist etwas dicker als Overlockgarn und trägt damit etwas mehr auf. Außerdem ist es im Vergleich zu Overlockgarn deutlich teurer. Ich verwende Universalnähgarn ausschließlich in den Nadelfäden, wenn die Farbe von rechts perfekt passen soll, oder für Rollsäume, die ich Ton in Ton nähen möchte.

Bauschgarn, z. B. SERAFLOCK von Mettler

Bauschgarn ist ein spezielles Garn für die Overlock, welches meist aus Polyester besteht und kaum verzwirnt ist. Dadurch entsteht eine bauschige Struktur. Dieses Garn ist besonders weich. Durch seine bauschige Struktur deckt es außerdem ausfransende Stoffkanten besonders gut ab. Bauschgarn wird ausschließlich in den Greifern der Overlock und Coverlock verwendet. Durch seine Struktur lässt es sich oft schwerer einfädeln als normales Overlockgarn. Verwende zum Einfädeln hier die Einfädelhilfe oder einen Hilfsfaden (mehr dazu im Kapitel zum Einfädeln ab Seite 36). Durch die bauschige Struktur trägt die Naht mehr auf als bei Verwendung eines normalen Overlockgarnes. Dies kann es erforderlich machen, dass du die Fadenspannungen und Stichlänge anpassen musst.

Bauschgarn wird verwendet:

- zum sicheren Abdecken von stark ausfransenden Stoffkanten
- für Nähte, die nicht kratzen sollen, z. B. an Wäsche, Babykleidung, körpernaher Kleidung
- für Ziereffekte an Rollsäumen und Flatlocknähten

Bauschgarn gibt es in verschiedenen Stärken, unifarben, aber auch als Multicolorgarn oder in Metallicvarianten. Du kannst Ton in Ton arbeiten oder für echte Eyecatcher Kontrastfarben einsetzen.

Beispiele für Bauschgarn

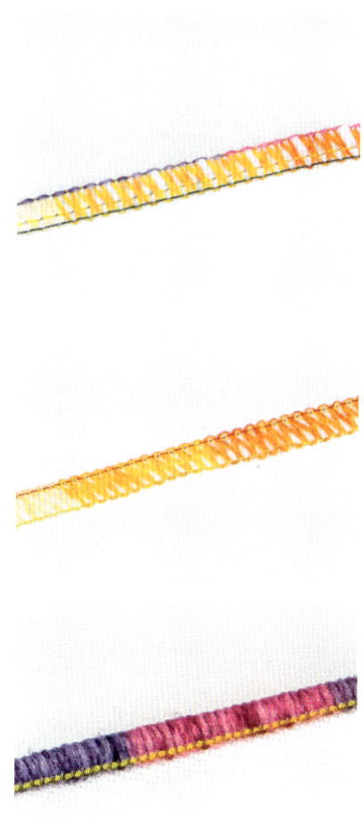

EXKURS

Fadenspannung bei dicken Garnen

Im Kapitel Fadenspannung habe ich ja erklärt, wie der Faden gespannt und dass er durch die beiden Spannungscheiben geführt wird. Du kannst dir sicher vorstellen, dass es einen Unterschied macht, ob es sich um ein dünnes oder dickes Garn handelt.
Damit dünnes Garn mit der gleichen Kraft gespannt wird, muss die Spannung deutlich höher sein als bei dickem Garn. Das heißt, die Spannungsscheiben müssen fester zusammendrücken als bei dickem Garn. Beim Arbeiten mit dicken Garnen muss also die Spannung dieser Fäden gelockert werden. Wie stark, musst du an Testnähten ausprobieren.

Metallicgarn

Metallicgarne kommen in vielen verschiedenen Varianten daher und sind wunderschön, aber nicht ganz einfach zu verarbeiten. Besonders hübsch sehen sie als Rollsaum an Schals oder Tischwäsche aus. Da Metallicgarne oft sehr kratzig sind, überlege dir genau, wo du sie verwenden willst – direkt auf der Haut fühlen sie sich eher unangenehm an.

Da Metallicgarne ausschließlich für Ziereffekte gedacht sind, werden sie fast nur in den Greifern verwendet. Metallicgarne tendieren dazu, sehr schnell zu reißen – versuche daher, möglichst langsam und gleichmäßg zu nähen, wenn sie im Einsatz sind.

Stickgarn

Stickgarne zeichnen sich dadurch aus, dass sie besonders fein und glänzend sind. Es gibt Stickgarne aus Baumwolle, Rayon und Polyester, in sehr vielen verschiedenen Farben und Längen. Auch als Multicolorgarne sind sie erhältlich. Oft kannst du sie in wunderschönen Stickkoffern erwerben.

Stickgarne werden in der Overlock für Ziereffekte eingesetzt, hauptsächlich bei Rollnähten, Rollsäumen und der Pikotnaht. Besonders schön ist die Anwendung bei dünnen Stoffen wie Chiffon, Seide oder Organza. Du kannst sie Ton in Ton als Saumabschluss bei Wäsche oder Gardinen verwenden, aber auch in Kontrastfarben an Säumen an Schals, Tüchern, Tischwäsche und Kleidern sind sie wunderschön. Es gibt sie auch als Multicolorgarne. Teste einfach aus, was dir gefällt.

Stickgarn kann sowohl in den Nadeln als auch in den Greifern der Overlock verwendet werden. Du benötigst nicht immer vier Spulen der gleichen Farbe. Überlege dir, welche Farbe du in deiner Naht hauptsächlich sehen möchtest und fädle sie entsprechend ein. Für die anderen Fäden verwendest du einfach andere Garne in passenden Farbnuancen.

Stickgarne sind oft sehr dünn und rutschig und können daher eine leicht erhöhte Fadenspannung benötigen. Teste die perfekten Spannungen für deine Maschine aus.

Decorgarn, z. B. Decora Nr. 12 und 6 von Madeira

Decorgarne sind besonders dicke Garne, mit denen hauptsächlich Ziereffekte gearbeitet werden. Es gibt sie unifarben und als Multicolorgarn. Sie kommen in der Overlock vor allem bei sichtbaren Nähten zum Einsatz, also bei Flatlocknähten oder Rollsäumen, können aber auch für alle anderen Nähte verwendet werden.

Decorgarne sind allerdings besonders anspruchsvoll in der Verarbeitung und nicht alle Overlocker kommen mit dem Decora Nr. 6 klar. Beachte daher Folgendes:

- Es wird ausschließlich in den Greifern verarbeitet.
- Nutze zum Einfädeln eine Einfädelhilfe.
- Die Fadenspannung im OG oder UG, wo das Decora verwendet wird, muss deutlich gelockert werden. Die Spannungen der anderen Fäden werden dagegen erhöht.
- Die Stichlänge muss deutlich erhöht werden, da dicke Garne mehr Platz für die Schlingenbildung benötigen als dünne.
- Nähe langsam.
- Verwende für die Spulen Ablaufscheiben und / oder Netze.

4-Faden-Overlocknaht

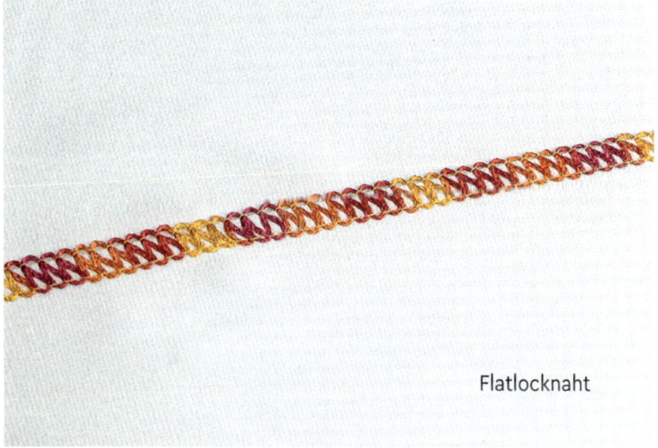

Flatlocknaht

Rollsaum

Einige Maschinenhersteller (z. B. Bernina) bieten eine spezielle Fadenführung für dicke Garne an.

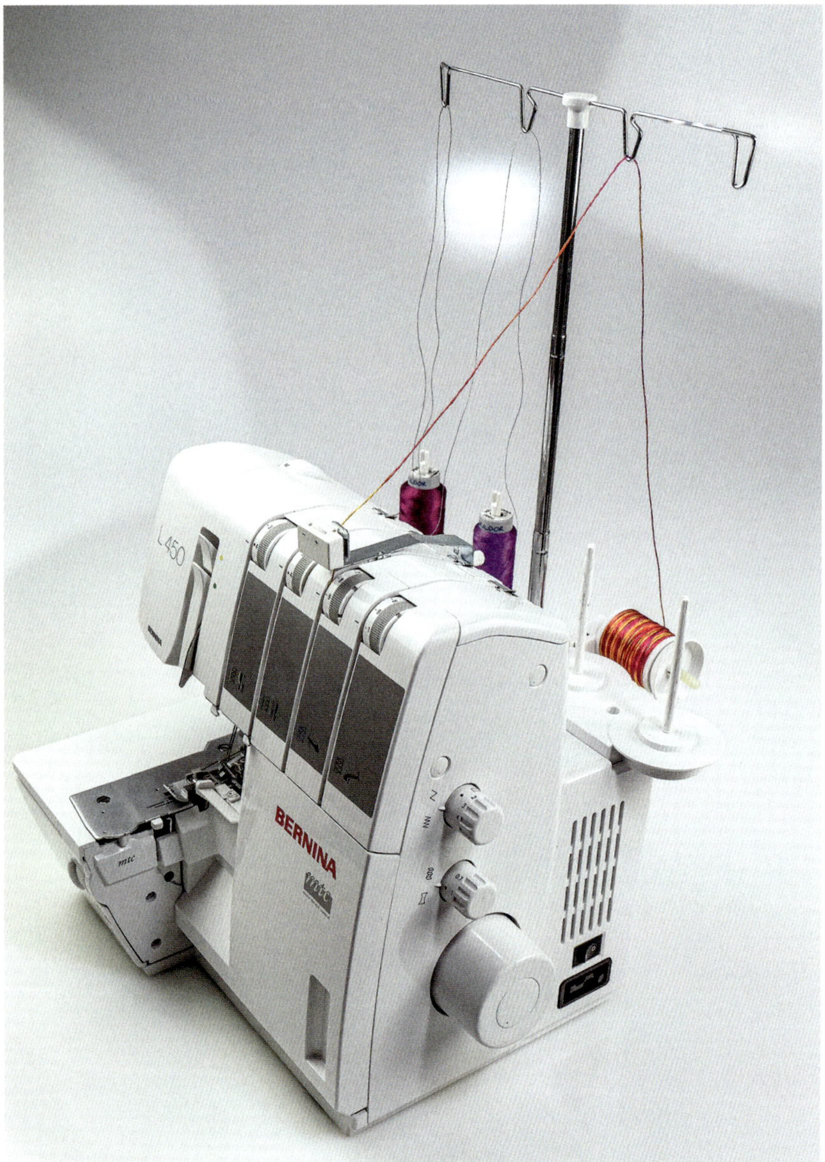

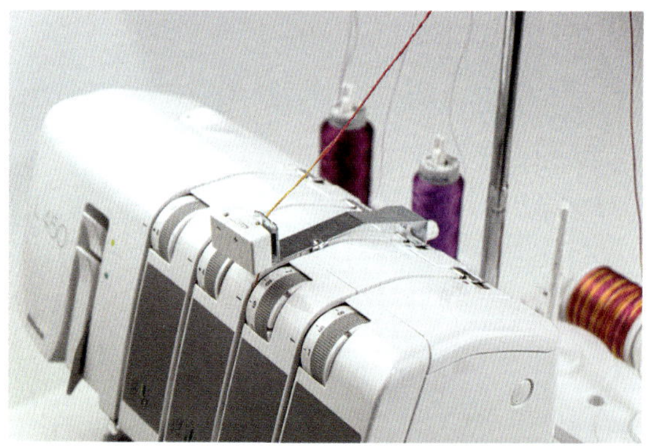

Baumwollgarn, z. B. SILK-FINISH COTTON von Mettler

Baumwollgarne gibt es in verschiedenen Stärken und Farben, als Multicolorgarne, matt oder glänzend. Hier kannst du deiner Kreativität freien Lauf lassen. Achte beim Kauf auf Qualitätsgarn. Da Baumwollgarn leichter reißt als Polyestergarn, nähe langsam und gleichmäßig, wenn du es verwendest.

Multicolorgarn

Multicolor- oder Farbverlaufsgarne sind Garne, die einen Farbverlauf aufweisen. Sie können als normales Overlockgarn, Bauschgarn, Stickgarn oder Decorgarn daherkommen. Die Farbübergänge können dabei sehr weich, aber auch ganz hart sein. Probiere einfach verschiedene Garne aus und schau, was dir gefällt.
Multicolorgarne werden hauptsächlich für Ziereffekt eingesetzt – der schöne Farbverlauf soll ja sichtbar sein. Sie werden daher in der Regel in den Greifern verwendet. Die Verarbeitung und die Einstellungen richten sich dabei nach der Art des Garnes, also ob es sich z. B. um ein Bausch-, Stick- oder Decorgarn handelt.

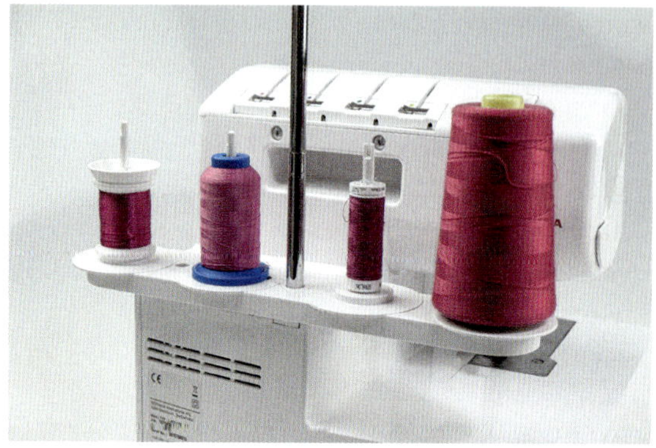

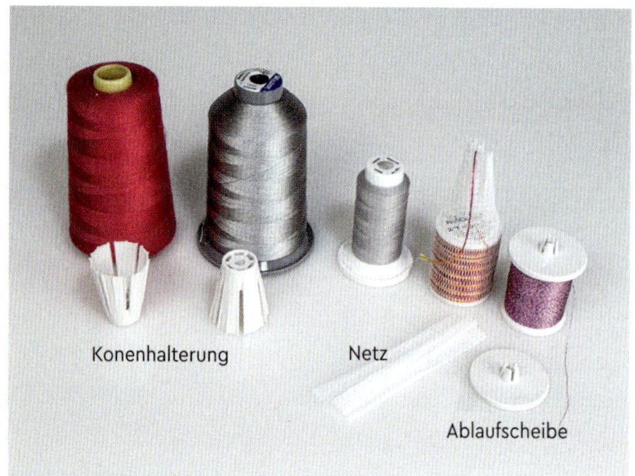

Spulen richtig aufsetzen

Du weißt ja inzwischen, dass es viele verschiedene Garne gibt, die auf unterschiedlichen Spulenkernen daherkommen.

Es gibt folgende Spulenarten:

① Scheibenspule
② zylindrische Kreuzspule
③ konische Kreuzspule / Kingspule
④ Minikingspule

Für ein perfektes Nahtergebnis ist es wichtig, dass die Garne gleichmäßig von der Spule ablaufen. Daher ist besonderes Augenmerk darauf zu richten, dass die Spulen gut auf der Spulenhalterung befestigt werden. Dafür werden Konenhalterungen, Ablaufscheiben und Netze verwendet.

Vermeide folgende Dinge beim Aufstellen der Spulen:

- **Wackeln der Spulen:** Je nachdem, wie groß der Durchmesser der Spule ist, verwende die Spulenhalterung mit der breiten Ⓐ oder mit der schmalen Ⓑ Seite nach oben, damit die Spule möglichst stabil steht.
- **Verhaken des Garns unter der Spule:** Verhindere, dass rutschige Garne von der Spule herunterfallen und unter der Spule festhaken. Verwende dafür die Netze.

Zu schnelles Ablaufen des Garnes: Bei kleinen Spulen tendiert das Garn dazu, zu schnell nach oben abzulaufen und sich zu verdrehen. Um dies zu verhindern, nutze die Ablaufscheiben.

EXKURS

Rollsäume mit Spezialgarnen

① Decorgarn: Decora Nr. 6
② Bauschgarn: Wolly Nylon
③ Bauschgarn: SERAFLOCK von Mettler
④ Bauschgarn: Metallic
⑤ Decorgarn: Decora Nr. 12
⑥ Baumwollgarn: SILK-FINISH COTTON von Mettler
⑦ Overlockgarn: SERACOR von Mettler
⑧ Metallicgarn

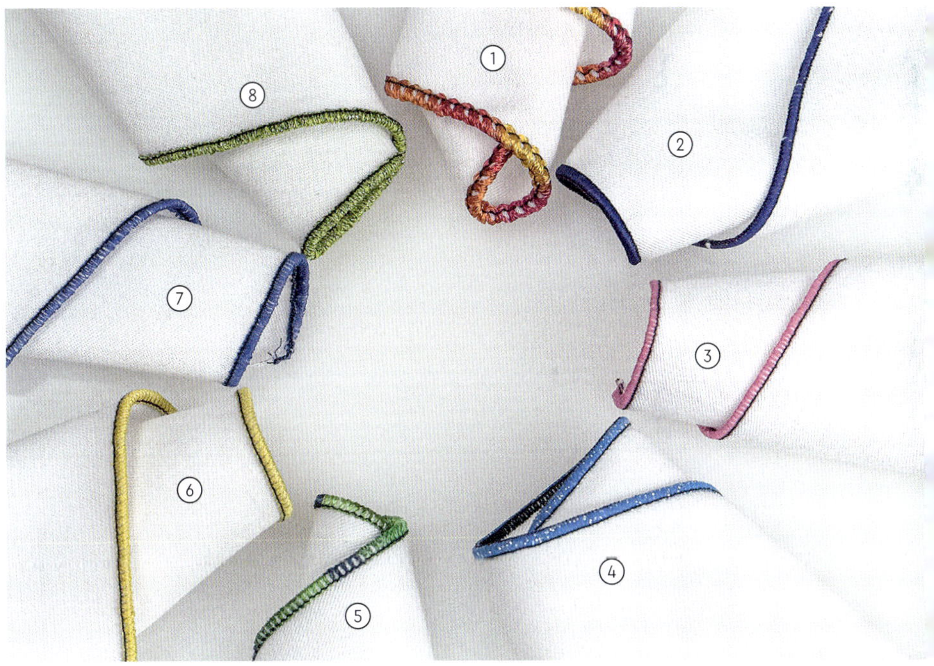

Rollsäume werden oft auf Sicht angefertigt und sollen daher natürlich besonders schön aussehen.
Es gibt den 3-Faden-Rollsaum und den 2-Faden-Rollsaum. Der 3-Faden-Rollsaum trägt mehr auf, ist deutlich sichtbarer und erzielt somit größere Ziereffekte.

Beachte beim Anfertigen von Rollsäumen folgende Dinge:

- Fertige immer Testnähte an.
- Das Garn im Obergreifer ist jenes, welches deutlich sichtbar ist.
- Bei dicken Garnen muss die Stichlänge größer als R eingestellt werden.
- Bei dicken Garnen muss die Spannung gelockert werden.
- Achte darauf, dass die Stichzunge deaktiviert ist.

Arbeite mit Garnen Ton in Ton für dezente Abschlüsse an feinen Stoffen, z. B. bei Gardinen oder Wäsche. Nutze Kontrastgarne für auffällige Säume.

Besonders schön sind Rollsäume

- als Saumabschluss an Kleidern und Röcken aus feinen Stoffen
- an transparenten Gardinen
- an Schals
- an Tischwäsche, z. B. Servietten

Außerdem lassen sich mit Rollsäumen tolle Biesen anfertigen sowie dekorative Schnüre für Geschenke, Schlaufen an Kleidung und Pompons herstellen.

Solltest du Probleme beim Anfertigen von Rollsäumen haben, schau dir im Kapitel Rollsäume den Abschnitt Troubleshooting auf Seite 91 an.

Als Abwandlung des normalen Rollsaums kannst du bei elastischen Materialien auch einen Wellensaum (siehe auch Seite 96) anfertigen. Der Wellensaum bietet sich vor allem bei unifarbenen Jerseystoffen ① an. Bei bedruckten Stoffen finde ich ihn nicht so toll, da sich der Jersey nach oben aufrollt und so die weiße Rückseite ② des Stoffes sichtbar wird.

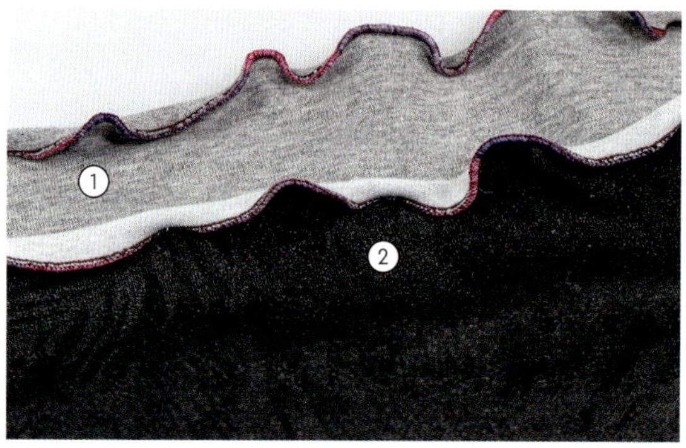

Bauschgarn 1 multicolor, Bauschgarn 2 multicolor, Metallicbauschgarn, Stickgarn, Bauschgarn uni, Overlockgarn, Decora Nr. 6 (v. l. n. r.)

EXKURS

Flatlocknähte mit Spezialgarnen

Auch Flatlocknähte bieten wunderbare Möglichkeiten für Ziereffekte. Ich finde sie besonders schön mit Spezialgarnen an unifarbenen Stoffen, z. B. bei Raglanärmeln. Am wenigsten geeignet finde ich dabei Stickgarn, da es sehr dünn ist und die Naht weniger zur Geltung kommt. Es gibt ja verschiedene Flatlocknähte, breit oder schmal, mit drei oder mit zwei Fäden. Für Ziereffekte bevorzuge ich die 3-Faden-Flatlocknaht breit. Und wie immer empfehle ich dir, Testnähte anzufertigen.

Beachte beim Anfertigen von Flatlocknähten folgende Dinge:

- Zu dicke Stoffe sind nicht für Flatlocknähte geeignet.
- Bei sehr dicken Garnen (z. B. Decora Nr. 6 und 12) müssen die Spannungen deutlich gelockert werden.
- Spiele mit verschiedenen Stichlängen.
- Dickere Garne benötigen größere Stichlängen.
- Wenn du die Schlaufen auf der Außenseite haben möchtest, dann nähe deinen Stoff links auf links.
- Wenn du den Leiterstich auf der Außenseite haben möchtest, dann nähe deinen Stoff rechts auf rechts.
- Sichere Flatlocknähte vor der Weiterverarbeitung mit der Nähmaschine, da sie leicht aufgehen.

Ideen für Flatlocknähte:

① Raglanärmel an Shirts und Pullis
② Teilungsnähte an Kleidung und Kapuzen
③ sehr flache, nicht drückende Nähte bei Unterwäsche
④ Kissenhüllen im Patchworkstil

6. NÄHFÜSSCHEN

- ☞ Standardfuß
- ☞ Klarsichtfuß
- ☞ Kurvennähfuß
- ☞ Paspelfuß
- ☞ Kräuselfuß
- ☞ Gummibandannähfuß
- ☞ Perlenfuß
- ☞ Kordelfuß
- ☞ Blindstichfuß

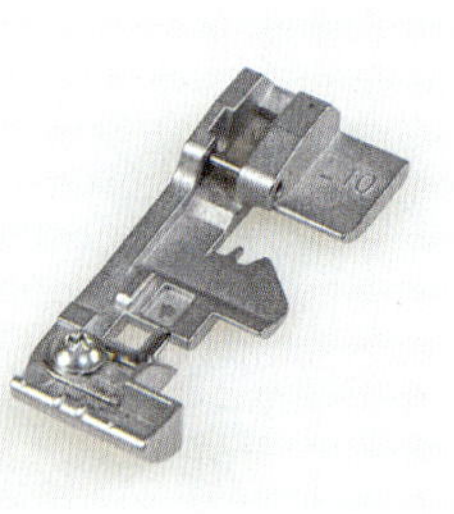

Standardfuß

Der Standardnähfuß ist der Nähfuß, der standardmäßig an deiner Overlock befestigt ist. Diesen kannst du für fast alle Nähprojekte verwenden. Es gibt jedoch Anwendungen, bei denen ein Spezialfuß das Nähen deutlich erleichtert. Achte beim Kauf von Spezialfüßchen darauf, dass diese auch sicher für deine Maschine geeignet sind, denn die Füßchen sind maschinenspezifisch. Lass dich dazu im Fachhandel beraten.

Ein Nachteil des Standardnähfußes ist, dass er sehr lang ist – aus diesem Grund lassen sich damit schwerer Rundungen nähen und er kann eher die Sicht versperren.

Gewechselt werden die Nähfüßchen in der Regel durch Betätigen des Auslöseknopfes auf der Rückseite und durch das Einklicken des neuen Nähfüßchens, wie auch auf Seite 44 erklärt.

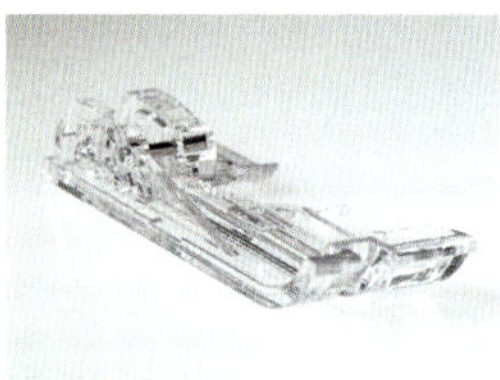

Klarsichtfuß

Der Klarsichtfuß ist wie der Standardnähfuß aufgebaut und bietet einfach eine bessere Sicht auf das Nähgut. Damit lässt sich die Nahtlinie leichter einhalten. Er ist in der Regel aus Plastik. Das bessere Nähverhalten hat allerdings der Standardfuß aus Metall.

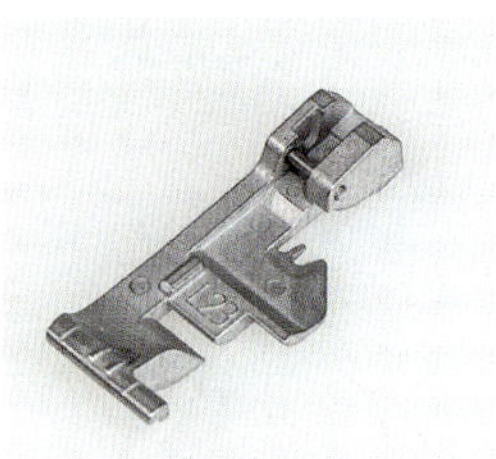

Kurvennähfuß

Der Kurvennähfuß ist wie der Standardnähfuß aus Metall, nur kürzer. Daher lassen sich damit Kurven und Rundungen leichter nähen. Allerdings ist er nicht für alle Modelle erhältlich. Erkundige dich im Fachhandel, ob es diesen Fuß für deine Maschine gibt.

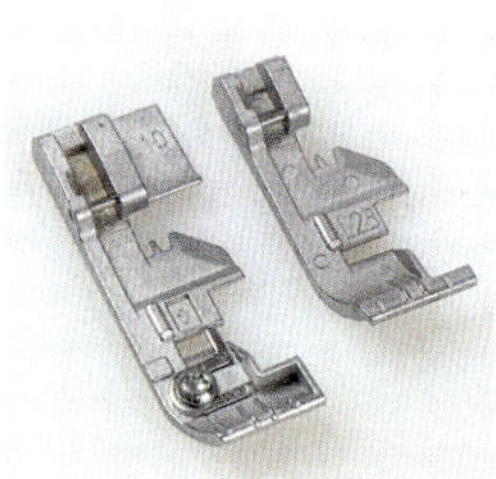

Vergleich Kurvenfuß und Standardfuß

Paspelfuß

Mit dem Paspelfuß, auch Kordelfuß oder Biesenfuß genannt, können Paspeln in einem Arbeitsschritt zwischen zwei Stofflagen eingenäht werden. Dafür hat der Paspelfuß auf der Unterseite eine Rille. Es gibt Paspelfüße mit verschieden großen Rillen für unterschiedlich große Paspeln. Diese Rille sorgt dafür, dass während des Nähens die Paspel gleichmäßig geführt wird und die Naht so eng wie möglich an der Paspel entlanggeht.

Für Kleidung empfehle ich Paspeln mit einer Größe von 3 mm, während an Taschen und Dekoartikeln auch größere Paspeln sehr schön aussehen können.

Mit diesem Fuß kannst du außerdem selbst Paspeln anfertigen. Hol dir dafür gern gratis die Aufzeichnung meines Paspelworkshops inklusive Handout.

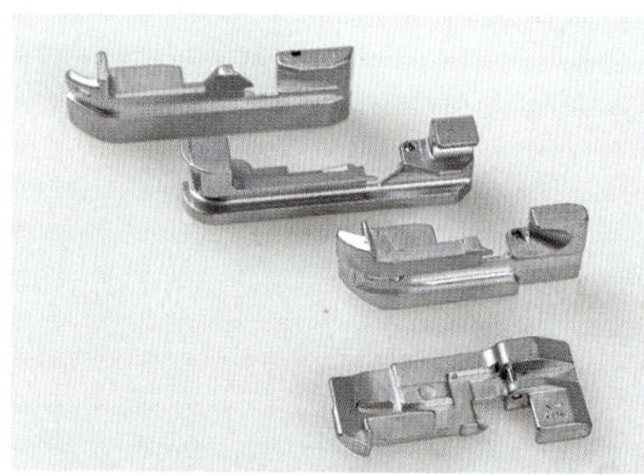

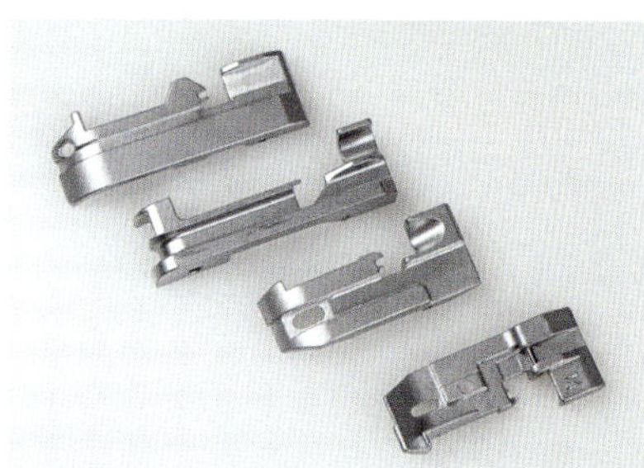

Ideen für Paspeln:

- an Kissenhüllen
- an Taschen
- an Seitennähten bei Hosen

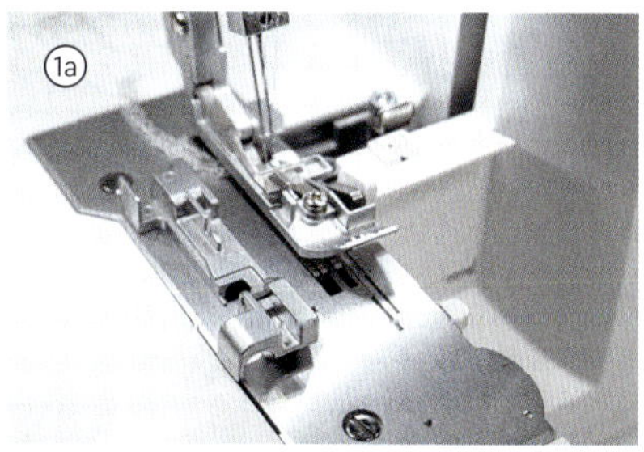

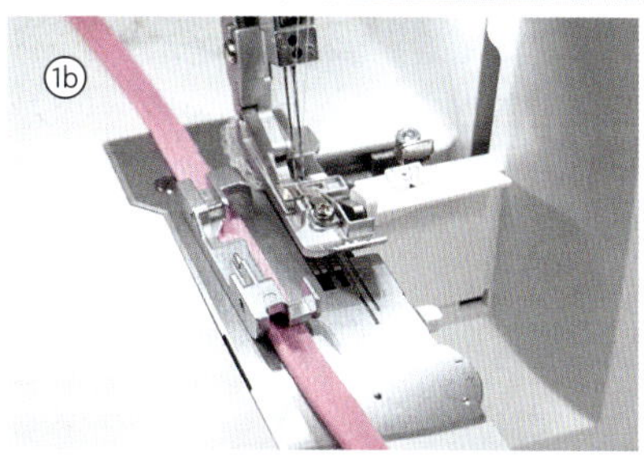

Vorgehensweise

1. Tausche den Nähfuß aus.
2. Stelle die Maschine auf die 4-Faden-Overlocknaht ein.
3. Hebe den Nähfuß.
4. Platziere die Paspel zwischen den beiden Stofflagen, die rechts auf rechts liegen. Die Paspel läuft dabei in der Rille des Nähfußes entlang.
5. Lass die Paspel ein Stück hinter dem Nähfuß herausschauen. So kannst du sie zu Beginn besser festhalten.
6. Ergebnis

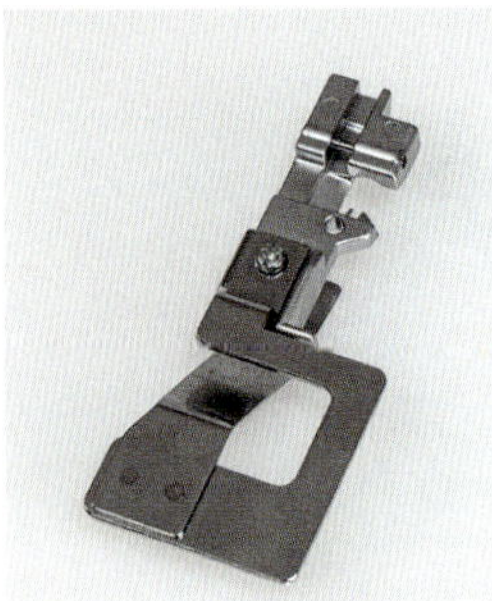

Kräuselfuß

Einlagige Stoffe können auch ohne Kräuselfuß durch gezieltes Verstellen des Differentials und der Stichlänge gekräuselt werden. Mit dem Kräuselfuß dagegen können zwei Stofflagen so zusammengenäht werden, dass die untere Stofflage gekräuselt und die obere gerade aufgenäht wird. Dies kann z. B. dafür genutzt werden, ein Rockteil gekräuselt an ein Oberteil zu nähen oder Rüschen an einem Kleid anzubringen.

Am besten funktioniert dieser Fuß mit leichten bis mittelschweren Stoffen. Verwende vorzugsweise die 4-Faden-Overlocknaht, es ist aber auch mit der 3-Faden-Overlocknaht möglich.

Die Einstellung des Differentials und der Stichlänge entscheidet darüber, wie stark der Stoff eingekräuselt wird. Bei einer Stichlänge von ca. 2,5 bedeutet eine Einstellung des Differentials auf 2, dass der untere Stoff auf die halbe Länge eingekräuselt wird.

Hier zum Verständnis ein Beispiel: Der Umfang des Rockteils eines Kleides ist 1 m. Du möchtest dort eine stärker gekräuselte Rüsche anbringen. In diesem Fall muss das Differential auf 2 eingestellt werden und der Stoff, der die Rüsche bilden soll, muss eine Länge von 2 m haben. Das sind allerdings nur Richtwerte – die genaue Länge hängt von Maschine, Stoffart, Stichlänge und der Einstellung des Differentials ab. Mache also auf jeden Fall vorher Testnähte.

Vorgehensweise

1. Wechsle den Nähfuß.
2. Stelle deine Maschine auf die 4-Faden-Overlocknaht oder 3-Faden-Overlocknaht ein.
3. Stelle dein Differential ein auf einen Wert >1.
4. Führe den zu kräuselnden Stoff unter den Nähfuß.
5. Führe den Stoff, der nicht gekräuselt wird, in den oberen Teil des Nähfußes ein.
6. Nähe nun wie gewohnt.
7. Ergebnis

Wenn du nun noch den Saum der Rüsche mit einem schicken Rollsaum abschließt, dann ist alles perfekt.

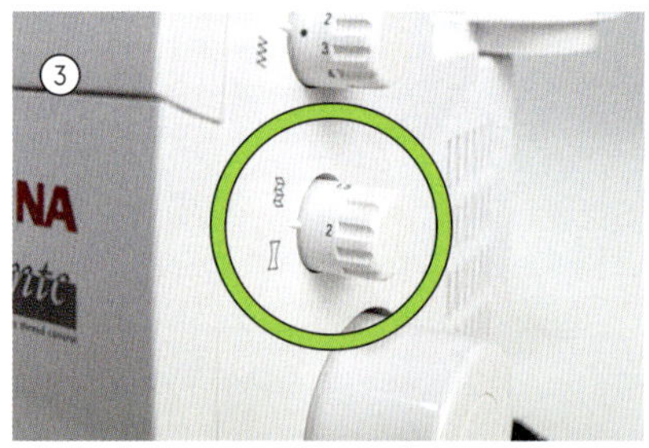

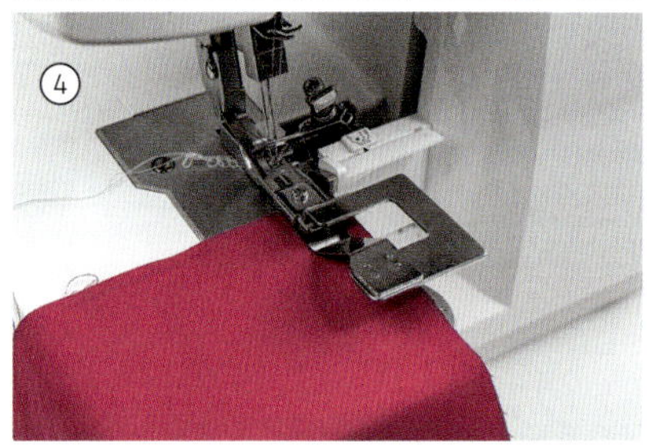

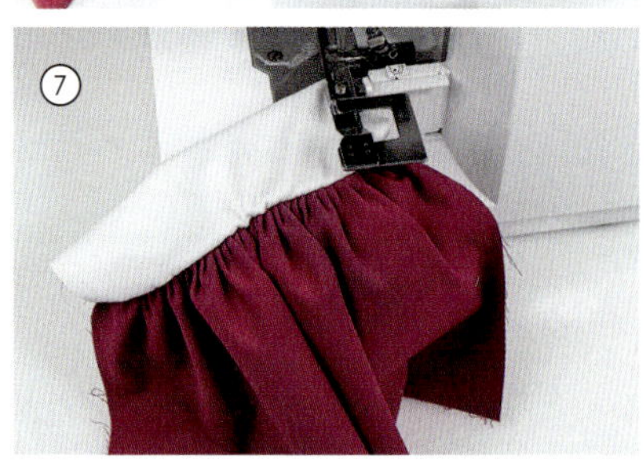

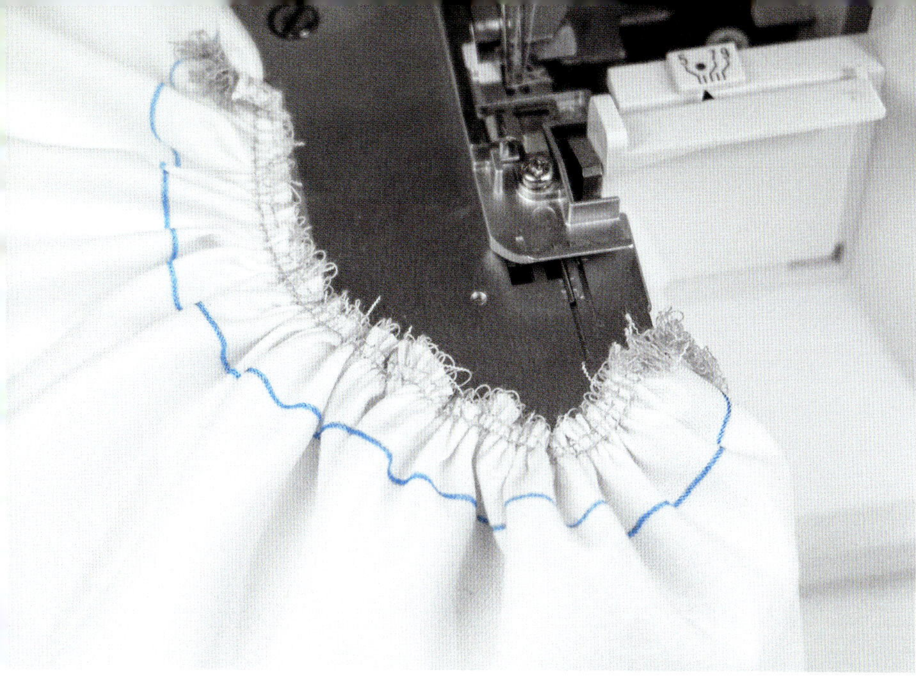

EXKURS

Kräuseln ohne Kräuselfuß

Du kannst Stoffe auch ohne Kräuselfuß kräuseln. Das geht allerdings nur einlagig. Auch hier sind Testnähte erforderlich. Verwende dafür die 4-Faden-Overlocknaht und verstelle das Differential, die Stichlänge und die Spannung des linken Nadelfadens. Wie stark dein Stoff gekräuselt wird, hängt ab von:

- der Einstellung des Differentials
- der Stichlänge
- der Spannung des linken Nadelfadens
- der Stoffart

Je höher das Differential, die Stichlänge und die Spannung des linken Nadelfadens eingestellt sind, desto stärker kräuselt sich der Stoff.

Tolle Ergebnisse erhältst du mit folgenden Einstellungen:

- D: 2
- SL: 4
- Spannung LN: 7–8

Sollte dir der Faden der linken Nadel reißen, war die Spannung zu hoch. Lockere dann die Spannung leicht.

Vorgehensweise

1. Gib dem zu kräuselnden Stoff die doppelte Nahtzugabe.
2. Kräusle den Stoff wie gewünscht ein. Vergiss nicht, danach deine Overlock wieder auf die Standardeinstellungen für die 4-Faden-Overlocknaht zurückzustellen.
3. Nähe den gekräuselten Stoff in einem zweiten Arbeitsschritt auf den anderen Stoff. Nutze dafür die 4-Faden-Overlocknaht.

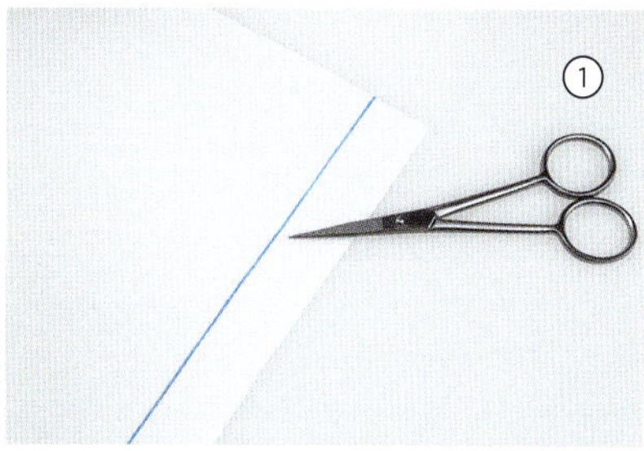

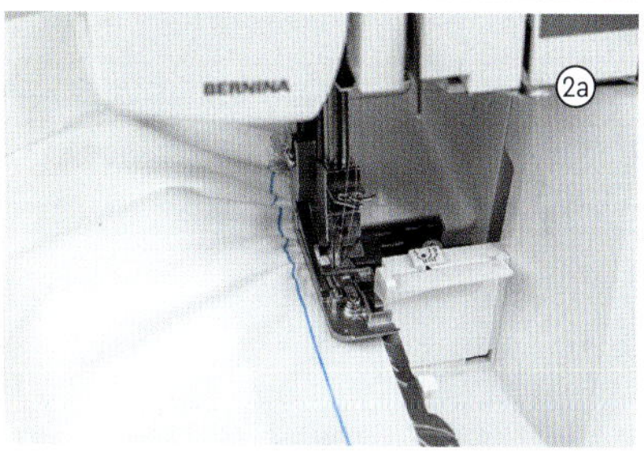

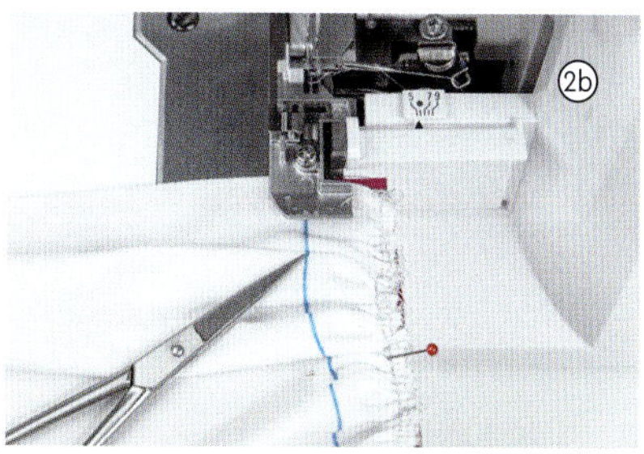

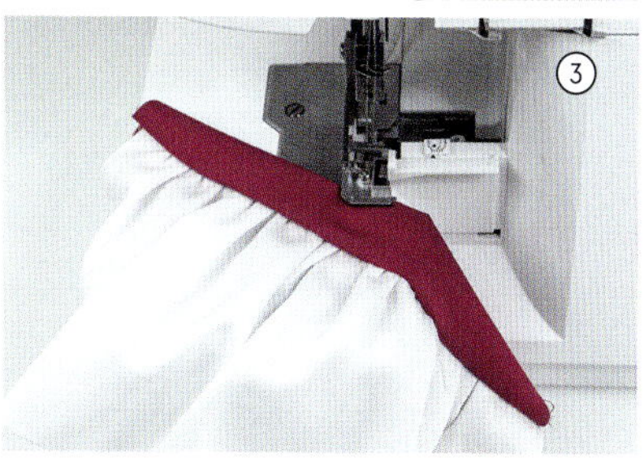

Gummibandannähfuß

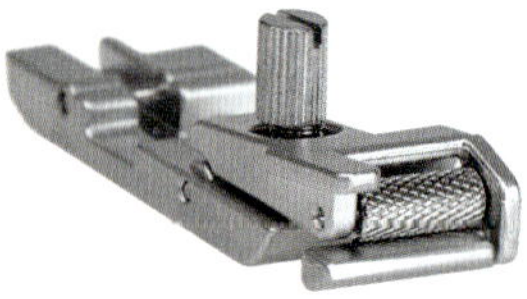

Der Gummibandannähfuß oder Elastikfuß wird dafür genutzt, Gummibänder gleichmäßig anzunähen. Der Fuß hat eine Einstellschraube und ein kleine Metallrolle. Das Gummiband wird unter der Metallrolle eingeführt und mit der Einstellschraube wird die Stärke der Dehnung eingestellt. Je fester die Schraube angezogen ist, desto stärker wird das Gummiband gedehnt. Unterschiedliche Gummibänder lassen sich unterschiedlich stark dehnen. Manche dehnen sich stärker, andere sind fester und weniger elastisch. Dies wirkt sich natürlich auch darauf aus, wie stark die Schraube angezogen werden muss. Deshalb sind Testnähte zwingend erforderlich.

Der Vorteil des Gummibandannähfußes ist, dass man damit sehr gleichmäßig ein Gummiband gedehnt annähen kann. Der große Nachteil ist, dass man vorher Testnähte machen muss, um herauszufinden, welches die passenden Einstellungen sind. Außerdem lassen sich damit keine breiten Gummis, z. B. für Leggings und Boxershorts, annähen.

Die meisten Gummibandannähfüße eignen sich nur für flache Wäschegummis bis zu einer Breite von ca. 1,5 cm. Für Details lies bitte in der Anleitung deines Füßchens nach.

Vorgehensweise

1. Fädle deine Maschine auf die 4-Faden-Overlocknaht ein.
2. Das Messer kann, muss aber nicht deaktiviert werden.
3. Bringe den Gummibandannähfuß an.
4. Fädle den Gummi unter der Metallrolle ein und ziehe ihn nach hinten unter dem Nähfuß durch.
5. Drehe die Einstellschraube fest.
6. Nähe wie gewohnt.
7. Ergebnis

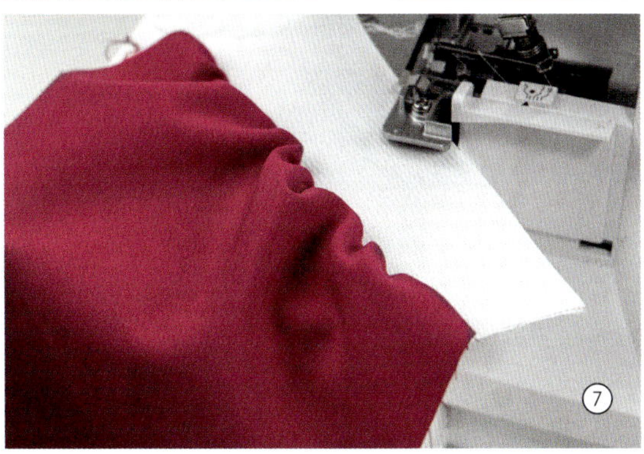

EXKURS

Gummiband annähen ohne Spezialfüßchen

Mit ein wenig Übung lassen sich mit der Overlock Gummibänder auch von Hand gleichmäßig annähen.

1. Verwende den normalen Nähfuß.
2. Das Messer kannst du deaktivieren oder aktiviert lassen.
3. Verwende die 4-Faden-Overlocknaht.
4. Miss die benötigte Länge des Gummis aus.
5. Dehne den Gummi von Hand gleichmäßig auf die zu nähende Strecke und stecke ihn einige Male fest, wenn du möchtest, aber nicht zu oft.
6. Dehne beim Nähen den Gummi gleichmäßig von Stecknadel zu Stecknadel.
7. Ergebnis

Perlenfuß

Mit dem Perlenfuß können dekorative Perlenketten an Säumen oder in Nähten angebracht werden. Das bietet sich besonders für festliche Kleider an. Der Fuß hat eine spezielle Führung auf der Oberseite und mit ihm können nicht nur Perlenketten angenäht werden, sondern auch Kordeln und Schnüre. Die maximale Größe der Perlen richtet sich dabei nach der Größe der Führung.

Perlen an einer Stoffkante

Perlen in der Stoffmitte, mit einer Flatlocknaht genäht

Vorgehensweise

Je nachdem, ob die Perlenkette sich am Stoffrand befinden soll oder in der Stoffmitte, gehst du wie folgt vor:

1. Bringe den Perlenfuß an.
2. Für Perlen am Stoffrand stelle deine Overlock auf die 3- oder 2-Faden-Overlocknaht schmal.
3. Für Perlen in der Stoffmitte stelle deine Overlock auf die 3- oder 2-Faden-Flatlocknaht schmal.
4. Lege die Perlenkette ein und lass sie am Ende überstehen.

5. Fixiere mit dem Handrad die ersten Stiche.
6. Nähe nun langsam die Perlen an.

Kordelfuß

Mit dem Kordelfuß kannst du dekorative Kordeln in dein Nähprojekt einarbeiten. Wenn es für deine Maschine keinen Kordelfuß gibt, kannst du dafür auch den Perlen- oder Paspelfuß benutzen.

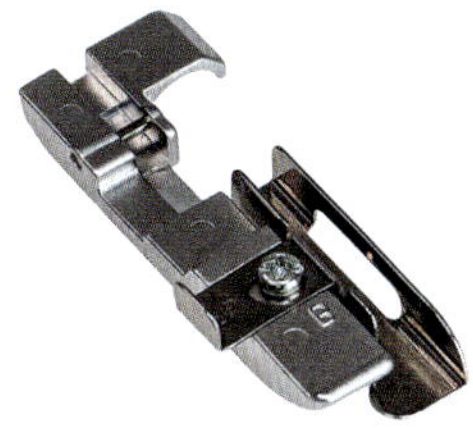

Vorgehensweise

1. Bringe den entsprechenden Fuß an deiner Maschine an.
2. Stelle deine Maschine auf die 3-Faden-Overlocknaht schmal ein.
3. Lege die Kordel ein und lass den Anfang etwas überstehen.
4. Nähe nun deine Naht.

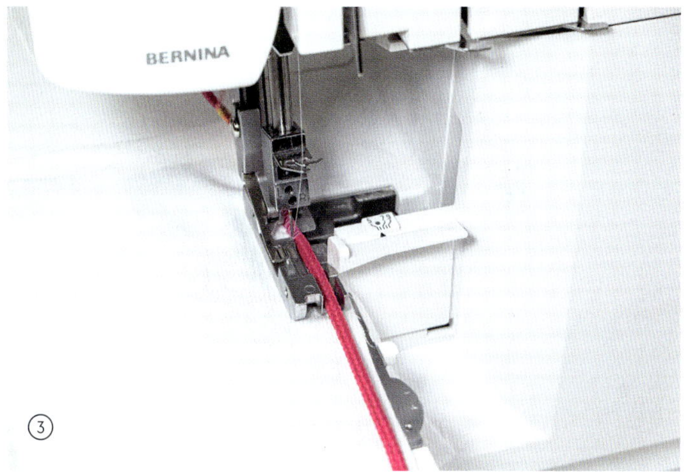

③

④

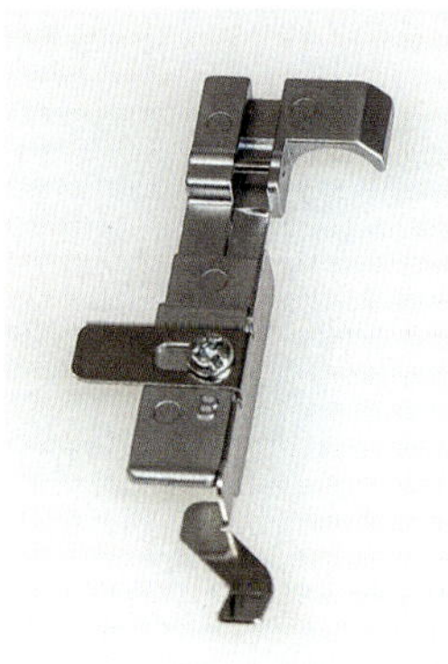

Blindstichfuß

Mit dem Blindstichfuß lassen sich fast unsichtbare Säume erzeugen. Dies geht am besten bei mittelschweren bis schweren Stoffen. Verwende dazu ein Garn in der gleichen Farbe oder etwas dunkler als dein Stoff, damit die Naht möglichst wenig auffällt. Für Ziereffekte kann auch mit Kontrastgarn gearbeitet werden. Es gibt Blindstichfüße in verschiedenen Breiten bzw. verstellbare Blindstichfüße.

Vorgehensweise

Es gibt verschiedene Verarbeitungsmöglichkeiten. Wenn auf der rechten Seite möglichst wenig vom Garn zu sehen sein soll, kann mit der 4- oder 3-Faden-Overlocknaht genäht werden. Möchtest du auf der rechten Seite deines Nähstücks den Leiterstich als Zierde haben, verwende die 3-Faden-Flatlocknaht. Mache unbedingt vorher Testnähte, um das Ergebnis zu prüfen.

1. Stelle deine Maschine auf den gewünschten Stich ein.
2. Verwende eine große Stichlänge, z. B. 4.
3. Setze den Blindstichfuß ein.
4. Stelle die Führung am Blindstichfuß ein. Lies dazu in der Anleitung deines Fußes nach.
5. Falte den Stoff wie auf dem Bild.
6. Lege den Stoff mit der linken Seite nach oben in den Nähfuß ein. Nähe deine Naht.
7. Wenn du eine Overlocknaht angefertigt hast, klappe den Saum um und bügle ihn gut.
8. Bei der Verwendung der Flatlocknaht ziehe den Saum auseinander und bügle ihn gut.

Die Führung des Blindstichfußes kannst du auch perfekt nutzen, um den Stoff für Flatlocknähte optimal zu führen.

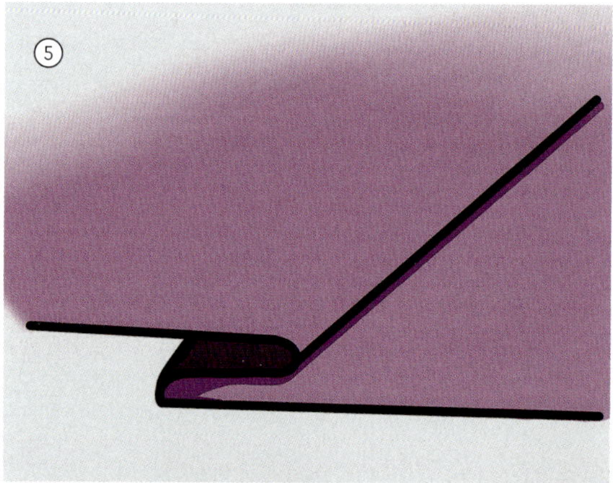

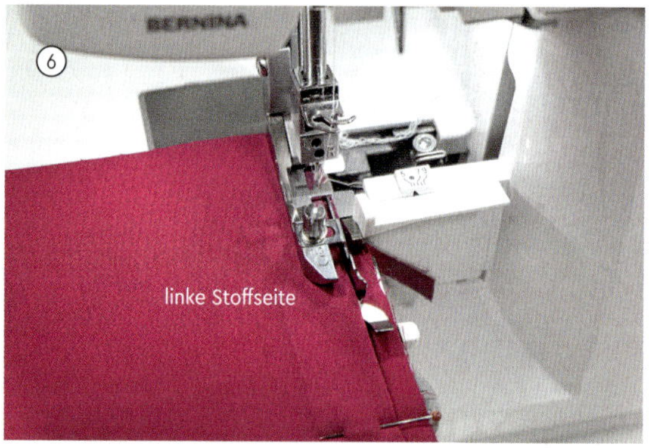

7. SÄUME MIT DER OVERLOCK

- 3-Faden-Overlocknaht breit
- Rollsaum
- Pikotsaum
- 3-Faden-Rollnaht
- Perlen als Abschluss
- Leiterstich
- Flatlocknaht

Die Overlock bietet dir eine Vielzahl von Möglichkeiten, Säume anzufertigen. Dabei soll es hier nicht um perfektes Schneiderhandwerk gehen, sondern vielmehr darum, kreative Möglichkeiten mit der Overlock aufzuzeigen. Dabei gibt es kein Richtig oder Falsch. Erlaubt ist, was gefällt. Experimentiere mit verschiedenen Sticharten, Stichlängen und Garnen.

3-Faden-Overlocknaht breit

Diese Naht bietet sich an bei dickeren, festen Stoffen, um tolle Kontrastsäume als Eyecatcher zu arbeiten. Beispiele können sein:

- Kanten bei Tischläufern und Dekoartikeln
- Säume bei Kleidungsstücken aus Walk
- Säume bei Kleidern aus Leinen

Besonders schön wird der Saum, wenn du eine kleine Stichlänge nutzt und dickere Garne verwendest. Du kannst dafür auch zwei Fäden gleichzeitig in den Unter- und Obergreifer einfädeln und so tolle Effekte erzielen.

Bauschgarn, Metallicgarn, Decora Nr. 12 – große Stichlänge, Decora Nr. 12 – kleinere Stichlänge (v. o. n. u.)

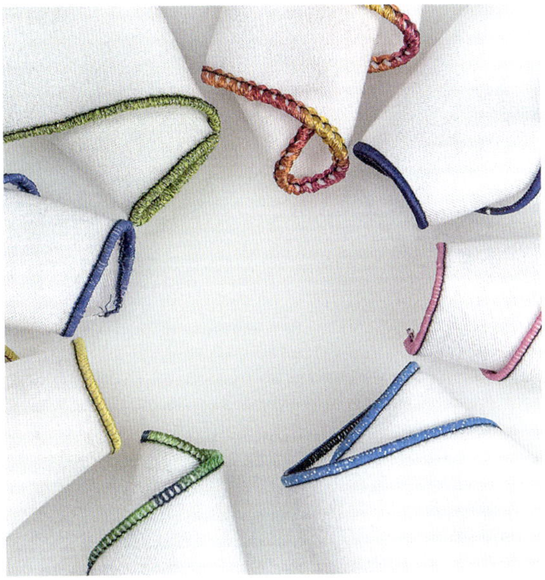

Rollsaum

Den Rollsaum haben wir bereits auf Seite 91 im Detail besprochen. Er wird von Hobbynäherinnen und -nähern sehr oft genutzt. Ich finde aber andere Nähte oftmals schöner. Charakteristisch für den Rollsaum ist die kurze Stichlänge. Dadurch wird der Saum sehr dicht und schwer. Das kann bewusst auch mit dicken Garnen eingesetzt werden, um ein Zierelement zu arbeiten. Auf der anderen Seite kann er aber auch zu schwer und auffällig für dünne Stoffe sein. Teste verschiedene Möglichkeiten, Stickgarne, dicke Garne, Ton in Ton oder Kontrast. Der Rollsaum kann mit 3 oder 2 Fäden gearbeitet werden. Schau dir dazu die entsprechenden Kapitel im Buch an. Arbeite auch mit verschiedenen Stichlängen. Ein Rollsaum mit großer Stichlänge wird auch Pikotsaum genannt.

Pikotsaum

Der Pikotsaum ist für mich eine wunderschöne Alternative zum klassischen Rollsaum. Ich nutze ihn besonders gern an ganz dünnen Stoffen in Kombination mit Stickgarn Ton in Ton. So kannst du auch ganz einfach Kleider und Röcke kürzen. Ein Pikotsaum ist besonders schön an:

- Blusen, Röcken und Kleidern aus Plissee, Crepe, Viskosewebware, Chiffon
- Gardinen
- Wäsche aus Satin
- Unterkleidern

Nutze dafür auch deine normale Nähseide. Mit Kontrastgarn kannst du auch dezente Eyecatcher erzielen. Probiere dich einfach aus. Auch der Pikotsaum kann mit 2 oder 3 Fäden gearbeitet werden.

3-Faden-Rollnaht

Auch die 3-Faden-Rollnaht kann als Saumabschluss verwendet werden. Im Gegensatz zum Rollsaum und Pikotsaum verschlingen die Fäden direkt auf der Kante. Dieser Saum ist sehr schmal und ich finde ihn besonders schön an dünnen Stoffen als Alternative zum Rollsaum. Ich mag ihn auch gern an Shirts aus Viskosejersey. Variiere die Stichlänge und Garne. Du kannst im Ober- und Untergreifer gleichfarbiges Garn verwenden oder verschiedenfarbiges Garn. Auch hier gilt: Erlaubt ist, was gefällt.

Perlen als Abschluss

Mit dem Perlen- oder Kordelfuß kannst du Perlenketten als Saumabschlüsse arbeiten. Einfach eine Perlenschnur mit einem Rollsaum, einer Flatlocknaht oder einer schmalen 3-Faden-Overlocknaht nähen. Lies dazu auch die Anleitung zu deinem Nähfüßchen nach. Die Perlenschnüre findest du im Bastelbedarf.

Ideen für Perlensäume sind:

- Abendkleider
- Faschingskostüme
- Brautkleider
- Kleider für die Erstkommunion
- Zierschals
- Kissenhüllen
- Tischläufer

Leiterstich

Den Leiterstich (= Rückseite der Flatlocknaht) kannst du als besonders flachen Saum nutzen, z. B. an T-Shirts. Auch hier sind die Effekte sehr verschieden. Je nachdem, ob du ein Garn Ton in Ton nutzt oder auch Kontrastgarn. Den Faden, den du hier siehst, ist der Nadelfaden. D. h., das Garn, was du sehen möchtest, muss in die Nadel eingefädelt werden. Hier kannst du auch mal Bauschgarn in der Nadel nutzen. Achte dabei darauf, dass du eine Nadel der Stärke 90 nutzt, damit das Garn auch Platz im Nadelöhr hat.

Nähst du den Saum im Kreis, nutze dazu den Klarsichtfuß, damit du am Nahtende den Anfang ganz genau triffst.

Flatlocknaht

Auch die Flatlocknaht kannst du als Saumabschluss nutzen. Sei dir dann aber bewusst, dass sie immer auffällig sein wird und deinem Nähprojekt einen sportlich modernen Look gibt. Dazu wird der Saum wie ein Bündchen angenäht. Toll ist das bei:

- T-Shirts
- Sweatshirts und Hoodies
- Leggings
- Boxershorts und Slips
- Sportkleidung
- Tischsets

Teste verschiedene dicke Bauschgarne, Decorgarne und Stichlängen. Flatlocknähte kommen mit Bausch- und Decorgarn am besten zur Geltung.

8. TROUBLESHOOTING

Beim Arbeiten mit der Overlock wirst du immer wieder kleinen Herausforderungen begegnen. Doch je sicherer du im Umgang mit der Overlock wirst, desto einfacher wird es und desto schneller findest du die Lösung bei Problemen. Dieses Kapitel soll dir helfen, Schwierigkeiten schnell aus dem Weg zu räumen und viel Spaß mit deiner Overlock zu haben. Auch in den Kapiteln zu den unterschiedlichen Nähten gibt es immer wieder hilfreiche Tipps und Tricks, schau also auch dort nach.

Naht ist zu fest und reißt

Das bedeutet, der Nadelfaden ist zu fest oder die Stichlänge zu groß. Kontrolliere die Stichlänge, verringere sie gegebenenfalls und lockere leicht die Spannung des Nadelfadens.

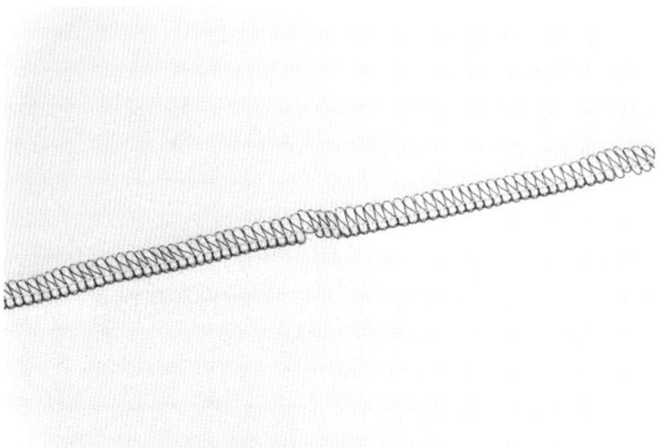

Stoff wellt sich

Wenn sich dein Stoff beim Nähen wellt, ist meist der Nähfußdruck zu hoch. Verringere also den Nähfußdruck schrittweise, bis du dein schönes Nähergebnis erhältst.

Stoff dehnt sich

Wenn sich dein Stoff nach dem Nähen dehnt, ist das Differential zu niedrig eingestellt. Erhöhe schrittweise das Differential, bis deine Naht gerade und glatt wird.

Nadeln brechen

Wenn die Nadeln abbrechen, waren sie einer Fehlbelastung ausgesetzt. Dies kann folgende Ursachen haben:

- Du hast beim Nähen am Stoff gezogen: Führe den Stoff, aber ziehe nicht daran.
- Der Faden hatte eine zu hohe Spannung. Prüfe, ob richtig eingefädelt ist und ob die Spannungen richtig eingestellt sind. Verringere die Spannungen, wenn nötig.
- Die Nadeln sind nicht richtig eingesetzt: Kontrolliere die Nadeln und setze sie gegebenenfalls richtig ein.

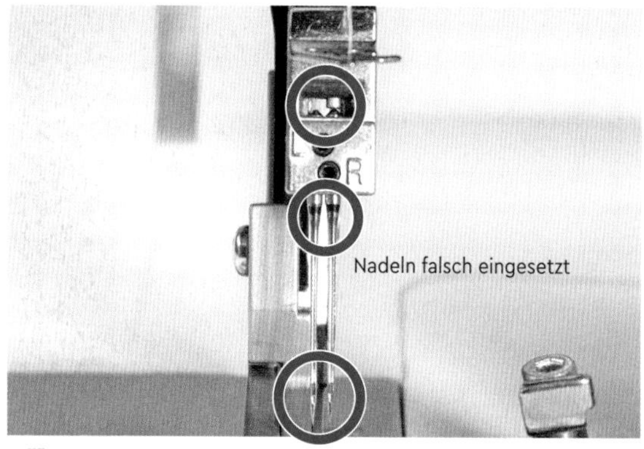

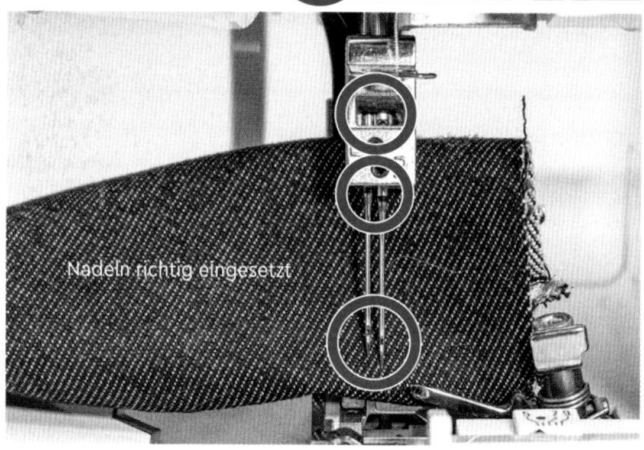

- Du verwendest die falschen Nadeln: Kontrolliere, ob du die richtigen Nadeln benutzt.

Wenn eine Nadel gebrochen ist, sollten immer beide Nadeln ausgetauscht werden. In den meisten Fällen lag dann nämlich auch auf der anderen Nadel eine Fehlbelastung, was dazu führen wird, dass auch diese bald brechen wird.

Stofflagen verschieben sich beim Nahtbeginn gegeneinander

Hebe vor dem Nähen den Nähfuß und lege beide Stofflagen gleichmäßig direkt unter das Messer. Du kannst auch die ersten beiden Zentimeter von Hand heften.

Maschine näht nicht

Prüfe, ob die Maschine an den Strom angeschlossen und eingeschaltet ist. Viele Maschinen haben außerdem einen eingebauten Sicherheitsmechanismus. Dieser sorgt dafür, dass die Maschine nicht näht, wenn die vordere Klappe nicht korrekt geschlossen ist.

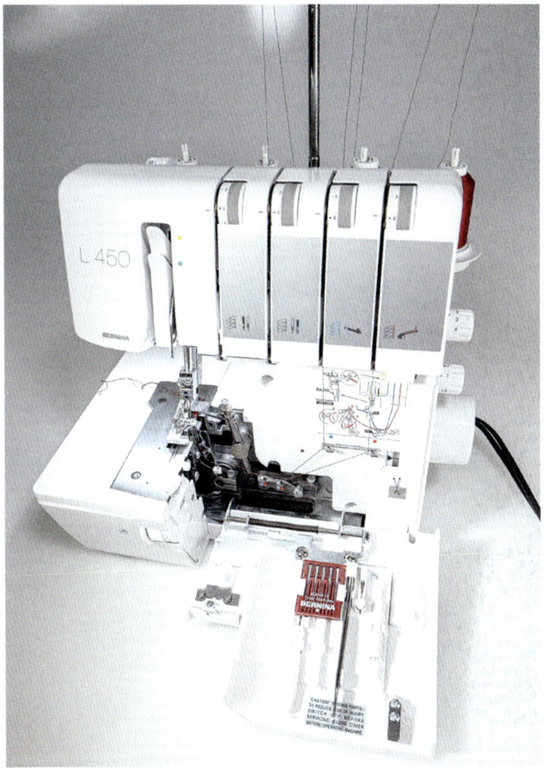

Stoff kräuselt sich

Wenn der Stoff sich beim Nähen kräuselt, kann das folgende Ursachen haben:

- Differential ist zu hoch eingestellt: Verringere das Differential.
- Die Stichlänge ist zu hoch: Stelle eine kürzere Stichlänge ein.
- Die Spannung des Nadelfadens ist zu hoch: Verringere die Spannung des Nadelfadens.

Faden ist von rechts stark zu sehen

Wenn du von der rechten (also der sichtbaren) Seite den Nadelfaden deutlich siehst, bedeutet das, dass die Spannung des Nadelfadens zu locker ist. Prüfe, ob der Nadelfaden richtig eingefädelt ist, und erhöhe gegebenenfalls die Spannung des Nadelfadens.

Stoff hat Löcher

Ursachen für Löcher im Stoff können sein:

- Falsche Nadeln: Prüfe, ob du die richtigen Nadeln verwendest.
- Defekte Nadeln: An den Nadeln können winzig kleine Stücke an der Spitze abbrechen und so Löcher verursachen. Ebenso verursachen verbogene Nadeln Löcher.
- Falsch eingesetzte Nadeln: Prüfe, ob die Nadeln richtig eingesetzt sind.

Linke Nadel wird nicht gegriffen

Wenn die linke Nadel immer wieder Fehlstiche produziert, ist meist ihre Spannung etwas zu hoch eingestellt. Dies passiert gern bei dicken Stoffen. Verringere also die Spannung der linken Nadel.

Flatlocknaht ist nicht flach

Nicht alle Stoffe sind für die Flatlocknaht geeignet. Bei dicken Stoffen legt sich die Naht oft nicht richtig flach, einfach weil der Stoff zu dick ist.

Des Weiteren können falsch eingestellte Spannungen die Ursache sein. Ist die Spannung des Nadelfadens locker genug? Ist die Spannung des Untergreifers hoch genug? Passe die Spannungen an, wenn nötig.

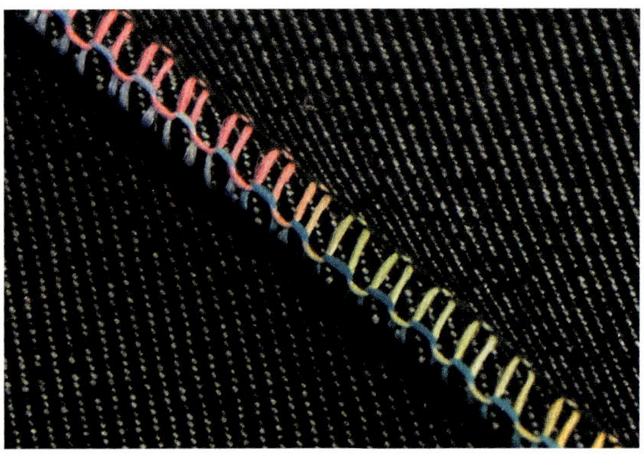

Faden reißt ständig

Für Fadenriss gibt es vielfältigste Ursachen:

- Minderwertiges Garn: Nutze hochwertige Garne.
- Defekte Nadeln: Prüfe und tausche gegebenenfalls deine Nadeln.
- Garn läuft nicht sauber ab: Kontrolliere, dass richtig eingefädelt ist und das Garn sauber ohne Sprünge abläuft und nirgends hängen bleibt. Verwende gegebenenfalls Netze.
- Die Fadenspannung ist zu hoch eingestellt: Kontrolliere die Spannungen und verringere sie, wenn nötig.

Genähte Runden werden unschön

Hier helfen tatsächlich nur Üben und evtl. ein kürzerer Kurvenfuß.

Overlock stockt an dicken Stellen

Wenn deine Overlock an dicken Stellen und Nahtkreuzungen stockt und das Stichbild auf einmal sehr eng wird, heißt das, dass sie nicht genug Kraft hat. Du kannst die Maschine überlisten, indem du vor der dicken Stelle die Stichläge so hoch wie möglich einstellst, über die dicke Stelle nähst und dann wieder auf die normale Stichlänge gehst. Der Unterschied in der Stichlänge wird in der Naht nicht zu sehen sein.

Außerdem kann der Nähfußdruck zu niedrig sei. Erhöhe gegebenenfalls den Nähfußdruck.

Fäden verschlingen nicht auf der Kante

Wenn die Fäden nicht auf der Kante verschlingen, ist das meist ein Problem von nicht ausgeglichener Spannung zwischen Obergreifer und Untergreifer. Ursachen können sein:

- Das Garn ist nicht richtig eingefädelt und läuft nicht sauber ab. Prüfe, ob du richtig eingefädelt hast.
- Die Spannung ist nicht richtig eingestellt. Prüfe die Spannungen.

Es bilden sich Luftschlaufen

Luftschlaufen entstehen, wenn das Messer zu viel Stoff abschneidet. Stelle also die Messerposition weiter nach rechts.

Ebenso können Luftschlaufen entstehen, wenn du beim Nähen versuchst, keinen Stoff abzuschneiden und den Stoff links am Messer entlangführst. Plane dein Nähprojekt immer so, dass du beim Nähen etwas Stoff abschneidest.

Stoff staucht sich in der Naht

Der Stoff staucht sich in der Naht, wenn du zu wenig Stoff mit dem Messer abschneidest und sich demnach zu viel Stoff in der Naht befindet. Dies kannst du ändern, indem du die Messerpostition nach links verstellst und somit mehr abschneidest.

Stoff wird nicht sauber abgeschnitten

Der Stoff wird nicht sauber abgeschnitten, wenn das Messer beschädigt ist. Meist handelt es sich dabei um ein beschädigtes Obermesser. Tausche also dein Messer und halte dafür immer ein Ersatzmesser bereit. Achte darauf, dass du nicht über Nadeln nähst, das kann dein Messer beschädigen.

Stoff wird nicht transportiert

Prüfe folgende Dinge:

- Ist der Nähfuß gesenkt? Wenn nicht, senke den Nähfuß.
- Ist der Nähfußdruck zu niedrig? Erhöhe ihn, wenn nötig.
- Ist die Stichlänge zu kurz? Erhöhe die Stichlänge.

Stichbild ist nicht schön gleichmäßig

Ein ungleichmäßiges Stichbild kann durch ungleichmäßig ablaufendes Garn entstehen. Prüfe, ob alle Garne richtig eingefädelt sind, nirgends hängen bleiben und gleichmäßig sauber ablaufen.

Zudem kann ein unsauberes Stichbild durch defekte oder falsche Nadeln entstehen. Prüfe daher, ob die Nadeln unversehrt sind und ob du die richtigen Nadeln nutzt.

Nadeleinfädler funktioniert nicht

Prüfe, ob der Nadeleinfädler auf die richtige Nadelposition eingestellt ist.

Kontrolliere außerdem, ob die Nadeln richtig eingesetzt sind und sich in der höchsten Position befinden.

PROJEKTE & NÄHTECHNIKEN & IDEEN

Projekt 1
Hoodie

Materialbedarf

- Schnittmuster für einen Hoodie
- 1–2,5 m French Terry je nach Kleidergröße
- 50 cm passendes Bündchen
- 60 cm French Terry für die Kapuze
- farblich passendes Garn für die Overlock oder mittelgrau
- passende Nadeln für die Overlock

Das lernst du

- Tipps und Tricks zum Nähen mit der Overlock
- Bündchen nähen mit der Overlock
- Anfertigen einer Kapuze

Projekt 2
Halsbündchen

Projekt 3
Bauch- und Ärmelbündchen

Materialbedarf

- Schnittmuster nach Download
- Jersey je nach Kleidergröße
- Bündchenstoff nach Bedarf

Das lernst du

- Bündchen zuschneiden
- Halsbündchen mit der Industriemethode nähen
- T-Shirt nähen
- Bauch- und Armbündchen ohne Freiarm nähen
- Tipps und Tricks zum Arbeiten mit der Overlock

Projekt 4
Paspeln

Materialbedarf
- Paspelfuß für die Overlock und / oder Nähmaschine
- fertige Paspeln
- Kordeln mit 3 mm Durchmesser
- Webware
- Rollschneider und Lineal
- Schrägbänder
- Stoffreste

Das lernst du
- Einnähen von Paspeln mit der Nähmaschine und Overlock
- Anfertigen von Paspeln mit der Overlock
- Schrägbänder zuschneiden und verarbeiten

Materialbedarf

- je nach Größe etwa 40–60 cm Stoff für die Hose, z. B. Jersey, French Terry, Nicki, Sweat
- 25 cm weiches Bündchen
- farblich passendes Garn
- Jersey- oder Stretchnadeln Stärke 80

Das lernst du

- Verarbeitung von elastischen Stoffen
- Auswahl Schnittmuster
- Anfertigen von Arm- und Beinbündchen
- Tipps und Tricks zu elastischen Stoffen

Projekt 5
Pumphose

Glossar

Blindsaum
Ein Blindsaum ist ein Saum vor allem an Hosen, Röcken und Kleidern, der von der rechten (also der sichtbaren) Seite nicht oder fast nicht zu sehen ist. Ein typisches Beispiel ist der Hosensaum einer Anzughose. Ein Blindsaum kann von Hand, mit der Nähmaschine oder der Overlock angefertigt werden.

Differential / Differentialtransport
Dieser Mechanismus hilft, das Kräuseln und Dehnen von Stoffen zu vermeiden und so ein gleichmäßiges Nahtbild zu erzeugen.
Der Differentialtransport kann auch bewusst eingesetzt werden, um bestimmte Effekte zu erzielen.

Fadenbaum
Der Fadenbaum ist der Ständer an der Hinterseite der Overlock, der ausgezogen wird und an dem die Fäden entlanggeführt werden. Achte darauf, dass beim Nähen der Fadenbaum immer vollständig ausgezogen ist.

Fadenkette
Dabei handelt es sich um eine leere Kette aus den Fäden vor dem Beginn und nach dem Ende der Naht. Die Fadenkette muss am Ende gesichert werden, damit sie nicht aufgeht.

Fadenlauf
Der Fadenlauf beschreibt die Richtung der Kettfäden eines Stoffes und gibt vor, wie Schnittmusterteile auf einen Stoff aufgelegt werden müssen. Der Fadenlauf verläuft immer parallel zur Webkante.

Fadenspannung
Die Fadenspannung ist der Grad der Lockerheit oder Straffheit, mit der der Faden durch die Maschine geführt wird. Die richtige Fadenspannung ist wichtig für ein sauberes Stichbild. Bei Overlock-Maschinen kannst du die Fadenspannung meist für alle vier Fäden einzeln einstellen. Mittlerweile gibt es auch Maschinen, die die Fadenspannung automatisch regulieren.

Flatlocknaht / Flachnaht
Eine Flatlocknaht, auch Flachnaht genannt, ist eine Naht, die zwei Stofflagen flach miteinander verbindet. Auf der Außenseite sind die typischen Sportnähte zu sehen und auf der Rückseite befindet sich ein Leiterstich. Da diese Naht besonders flach ist, eignet sie sich vor allem für eng anliegende Kleidungsstücke und kommt somit z. B. bei Unterwäsche oder Sportbekleidung zum Einsatz. Sie macht sich aber auch gut als dekorative Naht bei Teilungen.

Kettelfinger
Der Kettelfinger, auch Stichzunge genannt, befindet sich an der Stichplatte und stabilisiert die Fäden des Ober- und Untergreifers. Der Kettelfinger wird je nach Stichart aktiviert oder deaktivert. Einige Maschinen bieten die Möglichkeit zur Feineinstellung der Position des Kettelfingers.

Kniehebel
Ein Kniehebel ist ein Bauteil bei einigen Overlock-Maschinen oder auch Nähmaschinen, das rechts unten an der Maschine angebracht ist. Du kannst den Hebel mit deinem rechten Knie betätigen und so das Nähfüßchen heben oder senken. Dies ermöglicht dir, die Hände immer am Nähgut zu haben. Ein Kniehebel ist eine sehr praktische Sache.

Konverter
Einige Nähte können nur ohne den Obergreifer genäht werden, der dazu deaktiviert werden muss. Dies erfolgt mit einem kleinen Aufsatz, der auf den Obergreifer aufgesetzt wird und das Öhr verschließt. Die Obergreiferabdeckung kann direkt am Obergreifer angebracht sein und wird dann nur umgeklappt oder sie befindet sich im Zubehör und wird aufgesteckt. Einige Maschinen bieten diese Möglichkeit allerdings gar nicht an, dann sind keine 2-Faden-Nähte möglich.

Maschenware
Bei Maschenware werden die Garne wie beim Stricken miteinander verschlungen. Diese Stoffe sind elastisch und können aus den verschiedensten Fasern bestehen. Ein typisches Beispiel ist Jersey für T-Shirts.

Nadeleinfädler
Der Nadeleinfädler ist ein Bauteil an einer Nähmaschine oder Overlock, das dich beim Einfädeln der Nadeln unterstützt. Für die genaue Funktionsweise schau in deiner Bedienungsanleitung nach.

Nähfußdruck
Der Nähfußdruck ist die Kraft, mit der das Nähfüßchen auf den Stoff drückt. Je nach verwendetem Stoff sollte dieser angepasst werden. So sollte der Nähfußdruck z. B. bei elastischen Stoffen grundsätzlich verringert werden. Allerdings haben nicht alle Overlock-Maschinen einen verstellbaren Nähfußdruck. Lies dazu bitte in deiner Bedienungsanleitung nach.

Obergreifer
Der Obergreifer bildet die Verschlingungen auf der Oberseite des Stoffes. In Zusammenarbeit mit dem Untergreifer umschlingt er die Stoffkante. Der Obergreifer befindet sich oberhalb des Untergreifers und bewegt sich von rechts nach links.

Obergreiferabdeckung
Siehe Konverter.

Overlock-Standardnaht
Als Overlock-Standardnaht wird hier die 4-Faden-Overlocknaht mit beiden Nadeln und beiden Greifern bezeichnet. Es ist die meistgenutzte Naht der Overlock.

Paspel
Ein Paspel ist ein schmaler Stoffstreifen, in den eine Kordel eingenäht ist. Diese Kordel kann verschiedene Stärken haben. Paspeln werden als dekorative Elemente an Bekleidung und Dekoartikeln eingesetzt, z. B. an Kissenhüllen, Taschen, Hosen oder Trachten. Dabei wird die Paspel zwischen zwei Stofflagen mitgefasst. Paspeln können mit der Nähmaschine oder der Overlock eingenäht werden.

Rollsaum
Ein Rollsaum ist ein spezieller Saum an vorwiegend dünnen Stoffen, bei dem die Stoffkante eingerollt und eng mit dem Faden umschlossen wird, sodass ein sehr schmaler Saum entsteht.

Schnittbreite
Die Schnittbreite ist der Abstand von der Nadel bis zum Messer.

Stichbreite
Die Stichbreite ist der Abstand von der linken Nadel bis zur Stoffkante. Wird nur die rechte Nadel verwendet, dann bezeichnet sie den Abstand der rechten Nadel bis zur Stoffkante.

Stichlänge
Die Stichlänge ist die Länge des Fadens von einem Nadeleinstich bis zum nächsten. Die Standardstichlänge beträgt 2,5 bis 3 mm. Über ein Einstellrad kann die Stichlänge reguliert werden.

Stichplatte
Die Stichplatte befindet sich direkt unter dem Nähfuß und kann geöffnet werden. Du solltest sie regelmäßig öffnen und Fusseln und Fadenreste, die sich darunter gesammelt haben, entfernen. Die Stichplatte wird meist mit einem Schraubenzieher gelöst, der dem Zubehör beiliegt.

Stichzunge
Siehe Kettelfinger.

Transporteur
Als Transporteur bezeichnet man die Zähnchen unter dem Nähfuß. Die Aufgabe des Transporteurs ist es, den Stoff gleichmäßig durch die Maschine zu transportieren. Overlock-Maschinen verfügen über einen speziellen zweigeteilten Transporteur, der es ermöglicht, Stoffe so zu transportieren, dass sie weder gedehnt noch gekräuselt werden.

Untergreifer

Der Untergreifer befindet sich unter dem Obergreifer und umschlingt zusammen mit diesem die Stoffkante. Der Faden des Untergreifers ist dann auf der Unterseite des Stoffes zu sehen. Der Untergreifer bewegt sich von links nach rechts.

Wavenaht

Eine Wavenaht ist eine spezielle Naht einiger Overlock-Maschinen der Firma baby lock. Durch unterschiedliches Spannen des Ober- und Untergreifers wird dabei eine Naht mit Wellenoptik erzeugt, auf der abwechselnd der Faden des Obergreifers und des Untergreifers zu sehen ist.

Webware

Webware wird klassisch auf dem Webstuhl gewebt, es werden also längs- und querlaufende Fäden rechtwinkelig kreuzweise miteinander verbunden. Diese Stoffe werden umgangssprachlich oft als Baumwolle bezeichnet. Das ist allerdings nicht korrekt, denn die Herstellungsart sagt nichts über die verwendete Faser aus. Ein Beispiel für Webware ist klassischer Hemdenstoff, der meistens, aber nicht immer aus 100 % Baumwolle besteht.

Register

Du willst noch mehr Infos zu mir und meinen Nähkursen?

Dann klick dich mal hier rein

www.claudiawitticke.com

www.instagram.com/claudia_witticke

www.facebook.com/ClaudiaWitticke

Gratis-Facebookgruppe für den Austausch mit 15.000 Teilnehmerinnen:
www.facebook.com/groups/stoffkundeworkshop

Meine Bücher

www.claudiawitticke.com/buch

Podcast nähPark zum Reinhören: Bernina L850

https://einfach-naeher-der-naehpark-podcast.letscast.fm/episode/47-claudia-und-die-bernina-l850

LEIDENSCHAFT Nähen

Hi, ich bin Claudia, leidenschaftliche Näherin, ehemalige Stoffladenbesitzerin, Online-Unternehmerin und ich liebe es, dich beim Nähen zu unterstützen.
Ich gehe mit dir die ersten Schritte an der Nähmaschine, Overlock oder Coverlock. Ich nähe gemeinsam mit dir tolle Projekte, erkläre dir mit Leidenschaft und Herzblut die Technik der verschiedenen Maschinen, sodass du deine Angst, etwas falsch zu machen, überwindest und selbstbewusst tolle Projekte realisieren kannst. Mit meinen Spezialworkshops gebe ich dir tolles Detailwissen für deinen Nähalltag an die Hand, damit du noch mehr Spaß und Freude bei deinem Hobby hast. Denn deine Learnings, Erfolge und Freude beim Nähen sind mein Lebenselixier.
Mich erschreckt es immer wieder, wie viel Angst unter Hobbynäherinnen und -nähern herrscht, etwas falsch oder kaputt zu machen. **Meine Mission ist es, dir diese Angst zu nehmen.**

Was ich kann, mir wünsche und woran ich glaube

- Nähen ist eines der entspanntesten und zutiefst befriedigenden Hobbys, die es gibt. Das Gefühl, etwas Dauerhaftes, Wunderschönes mit den Händen geschaffen zu haben, ist unglaublich schön. In meinen Live-Online-Nähkursen nähen und lernen wir gemeinsam.

- Ich bin überzeugt davon, dass jede / jeder nähen lernen kann. Ich dachte auch bis zu meinem 30. Lebensjahr, dieser Kelch ist an mir vorübergegangen. So kann man sich irren. Ich begleite dich mit voller Leidenschaft vom Kauf der Nähmaschine über die ersten Schritte an der Nähmaschine bis hin zu Spezialkursen auf deinem Weg.

- Ich möchte Frauen ermutigen, sich mehr zuzutrauen. Ich nehme ihnen die Angst vor der Technik und begleite sie bei einem wunderbaren Hobby. Besonders liegen mir dabei Frauen am Herzen, die keine Möglichkeit haben, an Präsenzkursen teilzunehmen, weil es kein Angebot in der Nähe gibt oder es ihnen zeitlich nicht möglich ist. Übrigens: Männer sind in meinen Kursen auch willkommen.

- Ich bin überzeugt davon, dass sich eine Nähmaschine nicht rechnen muss. Denn für die meisten von uns ist Nähen ein Hobby, und Hobbys müssen sich nicht rechnen. Ein Hobby sollte Freude und Entspannung bereiten. Kein Mann fragt, ob sich das dritte Rennrad in Folge rechnet.

Seit 2014 gebe ich Nähkurse. Zuerst in meinem Stoffladen und später auch für verschiedene Bildungseinrichtungen. Der Frühling 2020 war für uns alle ein großer Umbruch – und ich habe mich im April 2020 entschieden: Ich mache jetzt meinen ersten Online-Nähkurs! Statt Video-Konserven auf YouTube® gibt es bei mir Live-Nähkurse mit viel Spaß, Lachen – und echten Live-Nähproblemen, die wir sofort lösen. An meinen Online-Kursen haben bereits über 35.000 Nähbegeisterte teilgenommen – wer hätte das gedacht, als ich 2008 meine erste Babywindel genäht habe.

Passend zu diesem Buch gibt es meinen **Intensivkurs „Overlock rockt!“** Alle Details zu dem Kurs findest du auf der Webseite.
Mit dem Code **BUCHOVI10** bekommst du 10 % Skonto auf den Intensivkurs.

Bibliografische Information der Deutschen Nationalbibliothek
Die Deutsche Nationalbibliothek verzeichnet diese Publikation in der Deutschen Nationalbibliografie; detaillierte bibliografische Daten sind im Internet abrufbar: http://dnb.d-nb.de

Bildnachweis
Amann Handel GmbH – Mettler: 110 r.o., 112/113
Ferd. Schmetz GmbH: 30/31
JuMai GmbH: 68/69
Hannah Leimegger: alle Grafiken
nähPark GmbH: 18/29
stock.adobe.com: 12 (Sean Nel)
Alle übrigen Aufnahmen stammen von Claudia Witticke.

2. Auflage 2025

Weinbergweg 7
I-39100 Bozen
buchverlag@athesia.it

Lektorat: Julia Voigtländer, Köln
Design & Layout: Athesia-Tappeiner Verlag
Bildbearbeitung: Typoplus, Frangart
Druck: GZH, Zagreb
Papier: Innenteil Magno Volume, Vorsatz Offset White

Gesamtkatalog unter
www.athesia-tappeiner.com

ISBN 978-88-6839-760-9